EL CIELO

GOBIERNA

EL CIELO ∧∨ GOBIERNA

Ten valor.

Toma consuelo.

Nuestro Dios tiene el control.

Nancy DeMoss Wolgemuth

EDITORIAL
PORTAVOZ

La misión de *Editorial Portavoz* consiste en proporcionar productos de calidad —con integridad y excelencia—, desde una perspectiva bíblica y confiable, que animen a las personas a conocer y servir a Jesucristo.

EDITORIAL PORTAVOZ
2450 Oak Industrial Drive NE
Grand Rapids, MI 49505 USA
Visítenos en: www.portavoz.com

ISBN 978-0-8254-5013-6 (rústica)
ISBN 978-0-8254-7037-0 (epub)

2 3 4 5 edición / año 31 30 29 28 27 26 25 24 23

Impreso en los Estados Unidos de América
Printed in the United States of America

Samuel Ethan Bollinger
13 de junio de 2021 — 13 de junio de 2021

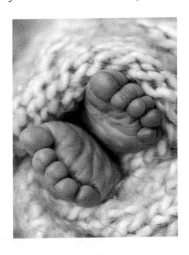

Nunca respiraste en esta tierra.

Sin embargo, con lágrimas en sus ojos
y las manos alzadas,
de una manera que jamás olvidaremos,
tus desconsolados padres afirmaron admirablemente que

el cielo gobierna.

Jehová preside en el diluvio,
Y se sienta Jehová como rey para siempre.
—SALMOS 29:10

Su dominio es dominio eterno,
que nunca pasará,
y su reino uno que no será destruido.
—DANIEL 7:14

Y hubo grandes voces en el cielo, que decían:
Los reinos del mundo han venido a ser
de nuestro Señor y de su Cristo;
y él reinará por los siglos de los siglos.
—APOCALIPSIS 11:15

Contenido

Prólogo

LO TIENE IMPRESO en sus tazas de café. Es el protector de pantalla de su teléfono. Lo tiene grabado en un collar de oro que lleva alrededor de su cuello. Aparece en una obra de arte que cuelga en la pared de su estudio y lo difundió en una serie de pódcasts. Con el tiempo, el mensaje distribuido en todos estos sitios se convirtió en el libro completo que tienes en tus manos.

El cielo gobierna. ¡Es una frase corta! ¡Es cautivante! Y una vez que descubras lo que significa, verás que te cambiará la vida. Este mensaje nació durante los días turbulentos de COVID-19 cuando, según Nancy DeMoss Wolgemuth, cuyo esposo también estaba luchando contra dos tipos de cáncer no relacionados, "todos los días parecía que el cielo se estuviera viniendo abajo".

Por si no lo has notado, todavía estamos viviendo en tiempos en los que parece que el cielo se está viniendo abajo. Al momento de imprimir este libro, nuestras fronteras estadounidenses sufren la infiltración de drogas e inmigrantes desesperados. La inflación está fuera de control y los precios de la gasolina están por las nubes. Se producen altercados en las juntas escolares acerca de quién tiene el derecho de educar a nuestros hijos. Muchos trabajadores estadounidenses se niegan a trabajar y eso significa que las empresas, que intentan recuperarse después de la pandemia, no pueden encontrar empleados. El aumento de la delincuencia y de la pobreza ha reducido partes de Estados Unidos a la condición de país en vías de desarrollo. Rusia está en guerra contra Ucrania, y poco a poco podemos sentir que nuestra nación se ve arrastrada hacia un conflicto.

Los detalles serán diferentes en los días y años venideros, pero la pregunta sigue siendo la misma: ¿Qué hacemos, como cristianos, cuando nos encontramos en circunstancias tan alarmantes? La mayoría de nosotros tratamos de resolver todo por nosotros mismos. Confiamos en nuestros propios recursos y luego le pedimos a otros *humanos* que nos ayuden.

Sin embargo, Nancy DeMoss Wolgemuth tiene un plan mejor. Este plan se llama **CG** y es un recordatorio de que el cielo gobierna. Según Nancy: "Nunca volverás a ver las noticias de la misma manera una vez que comiences a entender lo que sucede detrás de esos titulares; lo que Dios está haciendo en la tierra para lograr sus propósitos eternos y celestiales" . . . ¡cuando el cielo gobierna! En un párrafo corto tenemos la explicación de cómo "el cielo gobierna":

> Aunque los sucesos de la tierra a menudo parecen aleatorios, sin sentido, sin esperanza e incluso crueles, lo que ocurre en el reino celestial está impregnado de tanta sabiduría y bondad, con tal plan y propósito superior, que, si supiéramos lo que Dios está haciendo, lo adoraríamos y alabaríamos por todo lo que está sucediendo a nuestro alrededor, sin importar cómo se ve desde nuestra perspectiva humana y terrenal.

La frase "el cielo gobierna" surge del libro de Daniel, capítulo 4, y el mismo Daniel la pronunció cuando trataba de explicar a un rey pagano, llamado Nabucodonosor, lo que Dios estaba haciendo cuando llevó a este rey a vagar por el campo y comer hierba como una bestia durante siete años.

Para ilustrar su tesis de que "el cielo gobierna", Nancy nos guía en un recorrido a través del libro de Daniel en el Antiguo Testamento y nos señala los momentos cuando "el cielo gobierna".

Daniel vivió la mayor parte de su vida en Babilonia, el símbolo histórico de los peores males del mundo. Una decadencia extrema, crueldad infinita, poder feroz y una guerra implacable contra Dios describen a esta nación; pero Daniel se sobrepuso a todo eso. Su autobiografía se parece a una de esas historias modernas de una persona que pasa de la pobreza a la riqueza. Desde su humilde posición como cautivo, lo ascendieron repetidas veces, hasta llegar finalmente a los niveles más altos del gobierno de sus captores. Nabucodonosor lo nombró gobernador de la provincia de Babilonia y jefe supremo de todos los hombres prominentes del imperio (Daniel 2:48).

Después de la muerte de Nabucodonosor, Daniel continuó sirviendo a los sucesores del rey hasta que, finalmente, Ciro de Persia conquistó a Babilonia e instauró a Darío como rey, y Daniel fue nombrado gobernador supremo de todo el imperio (Daniel 6:3, 28). En términos de hoy, era el primer ministro del Imperio persa.

Hace años escribí un comentario sobre el libro de Daniel, titulado en español *La escritura en la pared.* Cuando autografiaba ese libro para mis amigos, siempre anotaba la siguiente referencia bíblica junto a mi firma: Daniel 1:21 ("Y continuó Daniel hasta el año primero del rey Ciro").

A veces algún lector regresaba y me preguntaba por qué había elegido un versículo tan extraño. Y esta era mi respuesta: Daniel nunca se detuvo . . . nunca miró atrás . . . ¡simplemente, continuó! Vivió hasta ver a Ciro, el líder persa, conquistar Babilonia (octubre de 539 a.C.), unos sesenta y seis años después que Daniel fuera llevado cautivo. En ese momento, Daniel tenía más de ochenta años y había vivido una vida piadosa a la vista del público durante casi setenta de esos años. Había sobrevivido a algunos de los reyes más poderosos que el mundo había visto. Daniel pudo continuar, porque conocía al Dios del cielo y sabía que su Dios tenía el control.

Con respecto a todas las obras milagrosas que Dios hizo a través y por Daniel, es importante notar que Dios nunca liberó a Daniel de Babilonia. Daniel vivió toda su vida como exiliado en una tierra extranjera, como rehén en una cultura que era hostil a su fe. Por tanto, el mensaje de Daniel no es que Dios nos librará de todo tipo de opresión en nuestras vidas. En cambio, este relato sirve como un recordatorio de que, cuando sabes que el cielo gobierna, puedes prosperar y permanecer fiel a Dios a pesar de las circunstancias más difíciles.

Incluso en medio de extrema maldad, puedes darte a conocer como una persona piadosa. Daniel vivía en una sociedad completamente pagana y, sin embargo, no hay una palabra negativa sobre él en toda la Biblia. Cuando los líderes de Babilonia trataron de descubrir alguna falta en su vida, no encontraron nada digno de mención excepto su fe en Dios (Daniel 6:4-5). Daniel vivía en la tierra, pero había puesto sus afectos en las cosas de arriba. Dios en el cielo gobernaba su vida.

En medio de todos los complots e intrigas que acechaban regularmente en las cortes reales; en medio de todos los celos que podía suscitar un extranjero con un alto cargo; en medio de todas las envidias, conspiraciones y persecuciones, Daniel continuó sirviendo a su Dios sin vacilar. ¡Dios en el cielo gobernaba su vida en la tierra!

Es probable que Daniel llegara a influir a trece reyes y cuatro reinos durante toda su vida. Por inicuos que fueran la mayoría de estos reyes, el consejo, el valor y la integridad absoluta de Daniel a menudo los alejaban de la idolatría y los llevaban a reconocer el poder del Dios verdadero.

Nancy Wolgemuth nos relata esta historia y va más allá para presentar ilustraciones de personas que hoy día están viviendo sus propias experiencias difíciles y afirman que "el cielo gobierna".

En otras palabras, el cielo gobierna, incluso cuando el hijo que llevas en tu vientre muere. El cielo gobierna cuando te enteras de que tu esposo de muchos años te ha sido infiel. El cielo gobierna cuando un tornado destruye todo lo que has construido durante toda tu vida. El cielo gobierna cuando, como un entrenador de fútbol piadoso, defiendes tu fe y te despiden por hacerlo. Según Nancy:

"El cielo gobierna" significa que Dios es soberano sobre todo lo que nos sucede . . . Él gobierna sobre cada diagnóstico y cada pronóstico, sobre cada ganancia y cada pérdida, sobre las dificultades más abrumadoras, así como sobre los detalles aparentemente más insignificantes de nuestras vidas.

Hace varios años, cuando me empezaron a pedir que escribiera prólogos y elogios para libros, decidí que nunca respaldaría un libro que no leyera por completo. De modo que quiero informarte que he leído cada palabra de este libro. De hecho, he leído algunos de sus segmentos varias veces. Al principio, lo leía solo para saber de qué trataba el libro; pero, después de leer treinta páginas del manuscrito, sentí que mi espíritu se edificaba y mi corazón se animaba. Realmente, estaba siendo bendecido. No podía esperar para transmitir a mi esposa y a algunos de mis amigos más cercanos el poderoso mensaje de este libro.

Espero que hagas lo que yo he hecho y leas cada palabra y luego les recuerdes a las personas que conoces y amas que "el cielo gobierna".

DR. DAVID JEREMIAH
Pastor principal de la iglesia Shadow Mountain Community Church
Fundador y presentador de los ministerios Turning Point Radio and Television

La historia de Samuel

Sábado 12 de junio de 2021

KATIE BOLLINGER estaba haciendo algunas de las pocas cosas que una mujer embarazada puede hacer cuando le faltan dos días para cumplir las cuarenta semanas. Se pasó toda la mañana en el columpio con sus otros tres "pequeños" mientras los trataba de acurrucar alrededor de su vientre para llenar sus corazones de amor y atención especial. Como toda madre, quería hacer todo lo posible para ayudarlos a adaptarse a un nuevo bebé en la casa: un nuevo hermanito, el segundo hijo de Katie y Nathan. Sabían que era un niño. De hecho, ya le habían puesto nombre: Samuel Ethan.

Finalmente, a última hora de la tarde, Katie pudo encontrar un momento de tranquilidad en el día para acostarse y aliviar el peso de sus pantorrillas y tobillos hinchados. Por lo general, cuando se acostaba y se estiraba, podía sentir que el bebé hacía lo mismo, como si se alegrara de tener más espacio. No estaba segura de sentir que se estuviera estirando en ese momento; pero bueno, ¡ya no le quedaba mucho espacio para hacerlo! Katie se quedó dormida con sus pensamientos en el pequeño Samuel, ansiosa por verlo y, por fin, tenerlo en sus brazos.

Sin embargo, mientras se despertaba lentamente una hora más tarde, se dio cuenta de que el bebé aún no se movía. Un escalofrío recorrió su cuerpo. ¿Lo estaría imaginando? Seguro que estaba bien.

Se levantó y comió algo . . . una barra de granola. ("¡Es increíble cómo el azúcar hace que los bebés se muevan!", dice Katie). No se movía. Se acostó y volvió a estirarse. Aún nada. No podía sentir ninguna patada de Samuel.

Nathan llamó a sus padres, que viven cerca, y les preguntó si podían venir a cuidar a los otros niños para que él y Katie pudieran ir al hospital, solo para verificar y asegurarse de que el bebé estaba bien. Una vez en la unidad de parto, fueron trasladados a una sala de examinación. Mientras Nathan estaba junto a su esposa y la tomaba de la mano, la enfermera colocó un monitor en el vientre de Katie. Esperaban escuchar, como de costumbre, el fuerte latido de su corazón, pero todo lo que escucharon fue silencio. Un silencio ensordecedor y palpitante.

Nathan envió un mensaje de texto a un puñado de amigos cercanos para contarles lo que acababan de enterarse:

> ¡Por favor, oren por nosotros! Fuimos al hospital para ver cómo estaba nuestro bebé. Samuel Ethan Bollinger está en manos de Jesús. El médico confirmó que no hay latidos del corazón. Les daremos más información cuando podamos. Pronto inducirán el parto de Katie.

En poco tiempo, Katie se encontró en trabajo de parto y luego en el proceso de dar a luz. Casi veinticuatro horas después llegó Samuel, con 3.9 kilogramos, solo un día antes de la fecha prevista de llegada; pero ahora la habitación, donde debía haber alegría y celebración, se llenó de dolor.

Fue el día más difícil, el momento más duro que Katie y Nathan habían soportado en sus vidas.

Domingo, 13 de junio, 4:33 de la tarde

. . .

Los Bollinger han sido amigos y colegas míos en el ministerio durante más de una década. Junto con el resto de nuestro equipo de Revive Our Hearts, había visto a Dios unir sus vidas y luego bendecirlos con tres preciosos hijos. La realidad de esta devastadora noticia nos dolió profundamente a quienes nos habíamos alegrado con ellos por la noticia de este cuarto hijo y habíamos esperado ansiosamente su nacimiento. Nos sentíamos desconsolados por ellos . . . y con ellos.

Durante años he abierto la Palabra de Dios y he enseñado que las cosas no "suceden por casualidad", que nuestro Dios tiene el control. Él sabe lo que hace. Los sucesos que sacuden nuestras vidas tienen un propósito. Es una verdad que encontramos a lo largo de las Escrituras, pero luego llega un momento como este, cuando es dolorosamente difícil de entender. ¿Puede esta creencia bíblica, esta verdad anclada en la Palabra, ofrecer consuelo y valor a alguien que está pasando la peor experiencia de su vida?

Otro mensaje de texto interrumpió mis pensamientos y oraciones esa noche. Este venía de la mamá de Nathan, con novedades sobre la situación en el hospital. Adjunto a sus escasas palabras había una foto que Nathan le había enviado de una pizarra. Lo has visto en las habitaciones de los hospitales. Ya sabes: nombres de enfermeras y médicos, teléfonos de contacto, mensajes instructivos, todo escrito y borrado mil veces.

En la parte superior de la pizarra de la habitación donde Katie todavía estaba de parto, era imposible pasar por alto un nuevo mensaje, que Nathan había escrito con un marcador rojo:

¡El cielo gobierna!
¡Y Samuel está allí!

Ver esa foto y la inscripción en mi teléfono me dejó sin aliento. Fue un momento sagrado para mí, como lo fue para los que se encontraban en esa habitación de hospital llena de dolor. Más tarde, Katie me escribió y me dijo que había leído esas palabras "cientos de veces" durante el proceso de parto. "Me ayudó a replantear mi perspectiva continuamente —dijo—. Ha sido increíble ver cómo Dios se ha adelantado y nos ha dado verdades de las que aferrarnos".

Durante las tres semanas anteriores, Nathan había sido el productor de videos, que ayudó a grabar una serie de enseñanzas para el pódcast de Revive Our Hearts. Durante esas grabaciones, recorrí el libro de Daniel y analicé cada capítulo a través de la lente de su proclamación de que "el cielo gobierna". (Sí, el pódcast fue el génesis de este libro). De modo que, en el transcurso de esas sesiones, debo de haber repetido docenas de veces esa frase.

Desde su posición sentado en la sala de control, mientras observaba las sesiones en los monitores, Nathan asimiló esta enseñanza, que ya estaba profundamente grabada en su corazón y en el de Katie. Me escuchó presentar esta serie y recordar a la audiencia que:

> Dios es soberano sobre los gobernantes, sobre las naciones, sobre los asuntos geopolíticos de nuestro mundo. También es soberano sobre los sucesos, los acontecimientos y los detalles de nuestras vidas individuales. Es verdad incluso cuando el guion resulte muy diferente de lo que habríamos escrito si la pluma hubiera estado en nuestras manos . . .
>
> "El cielo gobierna" no es un pensamiento trillado. No es una frase intrascendente. ¡Es trascendental! Y es lo que anclará tu corazón cuando las tormentas de la vida te azoten y sacudan.[1]

Ahora bien, volviendo a esa habitación del hospital, mis queridos amigos estaban en medio de la tormenta de sus vidas. La pérdida, demasiado reciente para creerla y asimilarla, era cruda, dolorosa, absorbente. Horas de trabajo de parto intenso solo para dar a luz a un bebé completamente formado y sin vida. La llamada de FaceTime para contar a los hermanos de Samuel que el hermanito, que estaban tan emocionados de conocer, estaba en el cielo y no regresaría a casa. Luego, el par de horas en la habitación del hospital con padres, abuelos, hermanito y hermanitas menores, cada uno de los cuales tuvo la oportunidad de tener el cuerpito de Samuel entre sus brazos.

Era un momento muy delicado.

Sin embargo, como Katie y Nathan describieron en una conmovedora "carta a Samuel" varios días después, "Esa sala de partos fue un lugar sagrado de adoración en medio del dolor más profundo".

¿Adoración entremezclada con llanto? Sí.

Mi esposo y yo nos unimos a cientos de amigos desconsolados en el servicio religioso del funeral de Samuel. Nunca olvidas ese tipo de funerales. Robert y yo nos sentamos entre los otros padres dolientes, con los ojos llenos de lágrimas, perplejos por el pequeño ataúd que descansaba en el frente de la iglesia.

El silencio en el santuario expresaba palabras no pronunciadas en nuestros corazones: *¿Cómo pueden esta preciosa pareja y sus hijos irse a casa y continuar con sus vidas, después de haber sostenido la muerte en sus brazos, después de haberla visto en el rostro de su dulce hijito, de su pequeño hermanito?*

Y luego comenzó el servicio, con adoración. Con cánticos de alabanza al Gran Rey de los cielos.

En la primera fila estaba la afligida pareja, con sus tres hijos y dos parejas de abuelos a cada lado, con los ojos, las manos y la voz alzados al cielo . . . en adoración.

Durante el funeral, el pastor leyó la carta que Katie y Nathan le habían escrito a su hijo. Fue una asombrosa confesión de fe y declaración de la bondad de Dios y el gobierno del cielo, que incluía estas tiernas palabras:

> Nuestro precioso Samuel Ethan. Tu primer nombre significa "Dios ha escuchado", y tu segundo nombre significa "fuerte, seguro". No teníamos idea, cuando Dios nos mostró ese nombre, ¡cuán perfecto sería para ti! Ahora eres totalmente

fuerte y seguro en los brazos de Dios, que escuchó nuestras oraciones.

Detrás de estas circunstancias trágicas e imprevistas, mientras apoyábamos y sosteníamos a esta afligida familia, estaba Aquel cuyo gobierno sobre cada situación (y me refiero a *cualquier* situación) podía llevar a *esta* situación a caer de rodillas en adoración.

¡El cielo gobierna!
¡Y Samuel está ahí!

El cielo gobierna y Dios está en todo lugar.
Él nos consuela; nos da valor.
En medio de nuestras lágrimas y nuestros miedos, Él nos llama y nos conduce a la adoración.

CAPÍTULO UNO

Una sola lente

La soberanía de Dios es la única roca inexpugnable a
la que debe aferrarse el corazón humano que sufre.

—*Margaret Clarkson*

OJALÁ EL REY hubiera creído la verdad años atrás. La verdad podría haber evitado que perdiera la razón.

Es lo que evita que cualquiera de nosotros perdamos la razón.

. . .

Escondido hacia el final del Antiguo Testamento, hay un pequeño libro que puedes haber marcado en tu plan de lectura bíblica más de una vez sin siquiera detenerte a profundizar en su mensaje. Los pasajes narrativos del libro de Daniel son tan conocidos para muchos, que es tentador pasarlos por alto. Tal vez hayas escuchado estas historias desde la infancia, como yo. Intercalados a lo largo de esos relatos hay una serie de sueños y visiones complejos, junto con algunas de las profecías más detalladas que se encuentran en la Biblia. Estos pasajes, por momentos, parecen incomprensibles, por lo que es fácil pasarlos por alto para leer otros que parecen tener más sentido para nosotros.

Sin embargo, espero que no lo hagas, porque el libro de Daniel tiene mucho que decirnos.

Los personajes, los detalles históricos y las cronologías que encontramos en este pequeño libro pueden parecer arcaicos, confusos y relativamente insignificantes, especialmente en el contexto de los acontecimientos que ocupan un lugar preponderante en nuestro mundo actual. Pero este registro inspirado —tanto las historias bien conocidas como el entramado profético que se entrecruza en el texto—, no podría ser más relevante ni oportuno para tu vida y la mía.

Tomemos, por ejemplo, una escena impactante que se encuentra en Daniel 4, donde encontramos las tres palabras que elegí para el título de este libro; palabras que nos conmovieron profundamente a todos con motivo de la muerte del bebé Samuel:

> "El cielo gobierna" es una verdad calibradora: pone nuestra visión de Dios, de nosotros mismos y de nuestros problemas en la perspectiva correcta.

El cielo gobierna.

Ninguna frase late tanto en mi mente y mi corazón como esta. La tengo en la foto del protector de pantalla que aparece cada vez que miro mi teléfono. Está impresa en la taza que uso cada mañana para mi té. Aparece en una obra de arte que tengo en mi estudio. Está grabada en un collar de oro que cuelga de mi cuello, un regalo de una querida amiga que está luchando contra un cáncer terminal.

"El cielo gobierna" es una verdad calibradora: pone nuestra visión de Dios, de nosotros mismos y de nuestros problemas en la perspectiva correcta.

Me encanta estar rodeada de recordatorios de esta simple, pero profunda verdad. Para mí se ha convertido en un tema central y determinante, fundamental en mi forma de ver todas las Escrituras y toda la vida. Y una y otra vez, cuando me he encontrado en medio de aguas turbulentas, ha sido tanto un ancla como un salvavidas para mi alma.

Mientras lees lo que sigue, oro para que estas tres palabras se apoderen de ti y permanezcan contigo mucho después de cerrar este libro y regresarlo al estante de tu biblioteca. Mi esperanza es que la promesa y la perspectiva contenidas en la frase se arraiguen profundamente y para siempre en la fibra misma de tu ser, que te den consuelo y valor en cada momento doloroso y circunstancia desconcertante de tu vida y que se conviertan en tu respuesta reflexiva y confiada a cada crisis y suceso preocupante en nuestro mundo al revés.

EL REY Y SU SUEÑO

Ahora, viaja conmigo al siglo VI a.C., a la capital del vasto y extenso Imperio babilónico, mientras nos dirigimos al palacio donde conoceremos a un hombre poderoso, que se vio obligado a aprender, por las malas, que el cielo gobierna. Él mismo cuenta la historia en Daniel 4, años después que le sucediera.

Aprovecharás mejor este libro si lo lees con la Biblia abierta en el libro de Daniel. De hecho, antes de continuar, permíteme alentarte a tomar unos minutos para leer Daniel 4. Mientras lees, resalta cada referencia a Dios como "el Altísimo" y pregúntate: "¿Cómo era la vida del rey de Babilonia antes y después de reconocer el gobierno del cielo?".

Lleno de éxito y renombrado por sus logros legendarios y hazañas militares, Nabucodonosor, el monarca en curso, tuvo un sueño angustiante. Reconoció de inmediato que tenía un significado importante, que no se trataba de extraños vestigios de un recuerdo sin procesar de lo ocurrido durante el día. No obstante, no supo cuál era ese significado hasta que consultó al profeta Daniel, conocido como el sabio Beltsasar en su corte.

En el sueño, Nabucodonosor había visto un árbol: un árbol alto, imponente, macizo, frondoso y exuberante, hermoso y abundante.

Pájaros y animales del bosque habían venido de todas partes de la tierra para dormir bajo su sombra, comer de él y anidarse entre sus ramas, alegres de obtener nutrición y placer de su fruto y su sombra. Este árbol, como ahora comprendió de Daniel, era una imagen visual del mismo Nabucodonosor, la figura más poderosa e influyente del mundo conocido en ese momento.

Sin embargo, la escena con el imponente árbol había sido interrumpida de repente por la fuerte y autoritaria aparición de un ángel, que bajaba del cielo y daba la orden: "Derribad el árbol, y cortad sus ramas, quitadle el follaje, y dispersad su fruto". Solo quedaron en la tierra el tronco y sus raíces; un golpe impresionante para el fuerte poderío y estatus del rey.

Peor aún, el ángel había descrito que el rey-árbol descendía a la locura, se mojaba "con el rocío del cielo", pateaba salvajemente la hierba de la tierra en busca de comida y "su corazón de hombre [era] cambiado, y le [era] dado corazón de bestia" (Daniel 4:14-16).

¡Y sucedió! Los hechos anunciados por el sueño ocurrieron tal como el ángel los había descrito y Daniel los había interpretado a Nabucodonosor. ¡Qué descenso! . . . de la cúspide a lo más bajo; de la aclamación universal a la humillación total. Despojado de prestigio y poder; reducido a una existencia como bestia animal.

¿Por qué? ¿Cuál era el propósito de tan drástica humillación? Mientras Nabucodonosor relataba toda esta serie de sucesos —el sueño mismo, la advertencia del profeta, un año de prórroga, luego siete años de locura— recordó muy bien el "porqué", al escucharlo más de una vez a lo largo de su extensa y terrible experiencia:

Para que conozcan los vivientes que el Altísimo gobierna el reino de los hombres (4:17).

Hasta que conozcas que el Altísimo tiene dominio en el reino de los hombres (4:25).

Hasta que reconozcas que el Altísimo tiene el dominio en el reino de los hombres (4:32).

O, como había declarado Daniel cuando explicó el significado del sueño al rey:

Tu reino te quedará firme, luego que reconozcas que *el cielo gobierna* (4:26).

Sí, cuanto antes comprendamos y creamos esta verdad, más cuerdos podremos estar todos.

CORRECCIÓN, CONSUELO Y VALOR

Las semillas de este libro se plantaron por primera vez en mi corazón en 2020. ¿Quién podría olvidar el 2020? Fue un año triste, inquietante y perturbador. Un año de locos. Cada día escuchábamos un goteo de noticias, tanto penosas como aterradoras, sobre la pandemia de COVID-19. Y el estrés que produjo se extendió a otros segmentos de nuestra sociedad: política polarizada, tensiones raciales, desconfianza en el gobierno y los medios de comunicación, e intensos desacuerdos partidistas. Incluso familias, iglesias y amistades de toda la vida sintieron los efectos de la división.

Y la agitación no se limitó a Estados Unidos. Las economías tambalearon en todo el mundo, el desempleo se disparó, la disensión pública estalló, los problemas políticos y sociales se intensificaron. Ola tras ola de crisis, muchas relacionadas con el COVID, otras no, se estrellaron contra las costas de nuestras emociones y valores colectivos, hasta que todos los días parecía que el cielo se estaba viniendo abajo. Este árbol de la civilización que habíamos cultivado, tan orgulloso, tan expansivamente seguro de sí mismo, tan ilustre en apariencia y en su representación del reino del hombre, estaba siendo sacudido hasta sus raíces por el poder de otro reino. Otro Gobernador.

Sí, ya sea que lo reconozcamos o no, ya sea que estemos de acuerdo o no, la verdad prevalece:

El cielo gobierna.

Cuando digo que "el cielo gobierna" me refiero, por supuesto, a que "Dios gobierna". El Dios del cielo gobierna. Él gobierna sobre el curso de la historia, sobre cada rey y reino, sobre cada actividad que emprendemos, sobre cada persona y parte de su creación. "El cielo gobierna" es una verdad calibradora: pone nuestra visión de Dios, de nosotros mismos y de nuestros problemas en la perspectiva correcta. Es una verdad destinada a infundir un temor saludable dentro de cada corazón orgulloso, que aspira a ser su propio gobierno y que cree que los humanos podemos determinar nuestra propia dirección y nuestro propio destino.

Así es como nos *corrige* el gobierno del cielo, y estamos perdidos si pensamos que no lo necesitamos. Dios es bondadoso, no cruel, cuando nos recuerda quién tiene el control y lo hace a cualquier costo que considere necesario para llamar nuestra distraída atención. ¡Ninguno de nosotros quisiera saber qué pasaría si Él no tuviera el control!

Ahora bien, he aquí por qué he escrito este libro. Esta misma verdad que nos corrige también está destinada a *consolarnos*, a tranquilizarnos y liberarnos, a alcanzarnos y guardarnos. "El cielo gobierna" significa que Él es soberano sobre todo lo que nos toca, que nada nos llega sin su deseo de usarlo para nuestro bien y para su gloria y para que participemos de las cosas mayores que diseñó para nosotros. Él gobierna sobre cada diagnóstico y cada pronóstico, sobre cada ganancia y cada pérdida, sobre las dificultades más abrumadoras y los detalles aparentemente más insignificantes de nuestras vidas.

Esta verdad, que es suficientemente poderosa para derribar a los grandes, también lo es para levantarnos el ánimo a los más pequeños de nosotros, tanto en nuestras pruebas personales como cuando enfrentamos el mundo, que parece derrumbarse a nuestro alrededor. Podemos tener consuelo mientras caminamos en esta tierra porque nuestro Padre gobierna desde el cielo. Consuelo y *valor* porque "el cielo gobierna" no supone una aceptación pasiva del destino, sino que viene con la promesa de gracia para la batalla. Cuando sentimos que no podemos soportar más presiones, problemas o dolor, la conciencia del gobierno de Dios nos infunde una fuerza sobrenatural. Nos permite vivir con una sólida claridad y contentamiento en medio del caos y las horribles consecuencias de un mundo caído, en medio de las luchas y circunstancias que nos hacen querer huir presas del pánico o achicarnos en desesperación. Encontramos el valor para perseverar con paciencia, incluso con gozo, en la seguridad de que el cielo gobierna.

> $\wedge$
>
> Él gobierna sobre cada diagnóstico y cada pronóstico, sobre cada ganancia y cada pérdida, sobre las dificultades más abrumadoras y sobre los detalles aparentemente más insignificantes de nuestras vidas.
>
> $\vee$

Ni siquiera el 2020 podría destronar esta verdad.

Sin embargo, a lo largo de ese año, mi esposo y yo fuimos probados para saber si realmente creíamos que era verdad.

Primero, un poco de historia. Como quizás sepas, en 2015, un viudo llamado Robert Wolgemuth le pidió a esta mujer de cincuenta y siete años, que nunca había contraído matrimonio, que se casara con él. Dije: "Sí, con todo mi corazón". De las muchas experiencias que he tenido en mi vida, que dan testimonio del gobierno del cielo, una de las que encabezan la lista es el plan providencial de Dios para que me casara con este precioso hombre.

Menos de cinco años después de decir: "Sí, acepto", el Señor nos presentó otra gran oportunidad de experimentar y aceptar su gobierno soberano en nuestras vidas. Justo cuando la pandemia global estaba trastornando al mundo, mi esposo, por lo demás sano, recibió dos diagnósticos, así es, de *dos* cánceres diferentes y no relacionados, en el transcurso de solo unos pocos meses.

Como te imaginarás, o tal vez lo sepas muy bien por experiencia propia, la llegada de este invasor desconocido trajo consigo olas de tristeza. Miedos no expresados. Conversaciones difíciles y angustiosas. Largas esperas para obtener resultados de pruebas decisivas e información clara sobre qué esperar a continuación.

Y como habrás visto que sucede en los capítulos difíciles de tu propia historia, tuvimos que tomar una decisión. No con respecto a si nuestras vidas se verían afectadas por el cáncer, no teníamos opción al respecto. La pregunta era cómo recibiríamos y responderíamos a esta nueva realidad. Cómo nos prepararíamos para sobrellevarlo y atravesarlo, sin saber los altibajos que tendríamos que atravesar, o incluso si solo nos llevara hacia una única dirección: "abajo".

Podemos tener consuelo mientras caminamos en esta tierra porque nuestro Padre gobierna desde el cielo. Consuelo y *valor* . . . para perseverar con paciencia, incluso con gozo.

Al mirar atrás, podemos ver claramente que Dios nos había estado preparando para este proceso. En 2019, antes de la llegada del COVID o los dos diagnósticos de cáncer, Robert y yo escribimos un libro que llamamos: *Confía en Dios para escribir tu historia: Descubre los misterios de la providencia de Dios.* En uno de los capítulos, reflexionamos sobre la providencia de Dios —algunas experiencias dolorosas, otras magníficas, pero todas buenas— en nuestra propia historia. Al final de ese capítulo escribimos:

> /\
> Podemos tener consuelo mientras caminamos en esta tierra porque nuestro Padre gobierna desde el cielo. Consuelo y *valor* . . . para perseverar con paciencia, incluso con gozo.
> \/

No podemos dejar de preguntarnos qué caminos rocosos aún podríamos estar llamados a recorrer . . . Podríamos enfrentar graves problemas de salud, la muerte del uno o del otro, y otras crisis conocidas solo por Dios. Sin embargo, sabemos que el Señor ha sido fiel en cada capítulo hasta aquí. Y sabemos que será fiel en cada capítulo venidero, que su gracia será suficiente adondequiera que nos lleve.[1]

En otras palabras, sostuvimos, como lo hacen las Escrituras, que podíamos confiar en Dios para escribir nuestra historia. Y en 2020 mantuvimos esa creencia, incluso cuando el doble cáncer apareció en un papel principal como antagonista.

Para decirlo en pocas palabras, sabíamos que el cielo gobierna.

¡Cuánto he llegado a aferrarme a estas tres palabras del diálogo que mantuvo Daniel con el rey de Babilonia hace mucho tiempo! ¡Y cuánto he llegado a amarlas! De hecho, si revisaras mi Biblia, diarios personales, mensajes de texto, correos electrónicos y hojas de papel sueltas esparcidas por mi casa y estudio, podrías ver garabateadas aquí y allá dos letras que se han convertido en parte de la trama de mi vida:

CG

"**CG**" es un recordatorio de que el cielo gobierna. No puedo recordar un momento en que no conociera y creyera esta verdad teológica de alguna manera, gracias a los padres que la enseñaron y la vivieron en nuestro hogar desde que era una niña. Sin embargo, cada vez más, a lo largo de mi edad adulta y más aún en los últimos años, esta forma de ver las crisis y complejidades de la vida en este mundo roto ha cautivado mi corazón. Se ha convertido en una lente a través de la cual veo y proceso, en fin, *todo*. Rara vez pasa un día en que no hable de ello o lo comente de alguna manera con otra persona, alguna persona que esté jadeando por aire en medio de las agitadas aguas bravas de sus propias preocupaciones, preguntas, temores o dificultades. Pocos minutos antes de escribir esto, de hecho, tuve la oportunidad de recordarle a una querida amiga esta tranquilizadora verdad en una conversación telefónica.

"El cielo gobierna", para mí, no es un refrán impreciso confinado a los reinos invisibles más allá del tiempo y el espacio. Nos recuerda que nuestro Dios en el cielo controla y obra activamente por medio de cada suceso, evento y circunstancia que tiene lugar en la tierra, y lo hace para lograr sus propósitos buenos, eternos y redentores.

Lo hace a pesar de lo que puedas escuchar sobre el estado de nuestro mundo mientras miras o repasas las noticias del día.

Lo hace a pesar de lo que surja mientras revisas tu correo electrónico o las redes sociales después de salir de una larga reunión.

Lo hace a pesar del nerviosismo que acelera tu pulso mientras estás sentado en otro consultorio médico o en la sala de espera del hospital, pendiente de escuchar tu nombre.

El cielo sigue gobernando. El cielo *siempre* está gobernando.

Reconozco que no siempre parece ser así. A veces podría parecer todo lo contrario. En cualquier día de noticias, podría parecer que nuestro mundo está fuera de control, que los malhechores están ganando y que Dios no puede (o no está dispuesto a) hacer nada al respecto.

Mientras escribo este capítulo las noticias están inundadas con reportajes sobre los estragos, entre ellos el genocidio, que están teniendo lugar en Ucrania. ¿Gobierna el cielo en ese rincón del mundo que está siendo reducido a escombros?

En un nivel más personal, podría parecer que a Dios no le interesa tu situación, que no se decide a actuar, incluso que es fríamente indiferente respecto a los asuntos que pesan mucho en tu mente y tu corazón, que te perturban, te angustian y te roban el gozo.

Sin embargo, para aquel que "conoce a su Dios" (Daniel 11:32), ni siquiera los sucesos más temidos, drásticos o mortales pueden robarle la esperanza y confianza en Él. Todo irá bien, aunque por el momento nada parezca ir bien. Esta verdad es inquebrantable, a pesar de todas las cosas que indican lo contrario. Incluso, cada noche, cuando las tormentas arrecian dentro y alrededor de nosotros, podemos dormir en paz, y cada mañana podemos despertarnos con un consuelo y valor renovados debido a esta realidad inmutable e irrefutable.

Porque el cielo gobierna.

PRUEBA VIVIENTE

En medio de toda la conmoción que trajo el 2020 con las interrupciones que todos experimentábamos a causa del COVID y los inquietantes problemas culturales, así como los que Robert y yo enfrentábamos a un nivel más personal debido a su cáncer, me sentí nuevamente atraída por el libro de Daniel. Lo que descubrí allí me dio una nueva esperanza y perspectiva cada día, que necesitaba con desesperación.

Daniel estuvo entre la primera generación de ciudadanos judíos que fueron deportados de su tierra natal en Judá por el rey de Babilonia, Nabucodonosor, quien tomó Jerusalén alrededor del año 605 a.C. Algunos eruditos piensan que el joven Daniel no tenía más de catorce años cuando apareció por primera vez en el libro que lleva su nombre. Eso me resulta especialmente interesante porque, si las respuestas de Daniel hubieran sido impulsadas por las circunstancias y el entorno, como suele suceder con los adolescentes (¡y adultos también!), fácilmente podría haber llegado a la conclusión de que Dios lo había abandonado junto con el resto de su pueblo. ¿Por qué otra razón esos jóvenes habían sido reubicados a la fuerza en Babilonia en contra de su voluntad?

Sin embargo, el testimonio convincente de toda la vida de Daniel es que el cielo gobierna a pesar de todas las apariencias contrarias. Los sucesos más conocidos en este breve libro atestiguan esta verdad:

- La colocación de Daniel en una posición estratégica, como un hebreo en una tierra extranjera, para interpretar los sueños del rey Nabucodonosor (Daniel 2 y 4).

- Los tres jóvenes amigos de Daniel (Sadrac, Mesac y Abed-nego) arrojados a un horno de fuego por no inclinarse ante la estatua de Nabucodonosor (Daniel 3).
- La aparición escalofriante de una escritura en la pared del palacio para informar a otro rey de Babilonia, Belsasar, acerca de su inminente caída; una caída del poder que ocurrió en una sola noche (Daniel 5).
- Y, por supuesto, la historia más conocida de todas: Daniel en el foso de los leones (Daniel 6).

Estos relatos, que abarcan aproximadamente siete décadas, se encuentran en la primera mitad del libro de Daniel, y todos indican una vida que fue más que notable.

La segunda mitad del libro, sin embargo, es menos conocida para la mayoría. Contiene una gran cantidad de señales proféticas crípticas sobre la inminente caída del Imperio babilónico, así como el surgimiento de imperios aún desconocidos, que Dios estaba posicionando para que surgieran en los siglos posteriores. Estos sucesos prepararían el escenario para el final advenimiento del Mesías de Dios, la venida de Cristo a la tierra, en el tiempo señalado por el Señor, así como también su reinado final sobre un reino eterno que no tiene fin (Daniel 7–12). La visión profética que emerge es fascinante, gloriosa y no siempre fácil de entender.

Hace años, cuando estaba en la universidad bíblica, un curso popular (aunque difícil), que se ofrecía cada año, era "Daniel/Apocalipsis", donde se analizaba y se intentaba dar sentido a los pormenores de estos dos libros proféticos formidables, uno en el Antiguo y el otro en el Nuevo Testamento. Con la guía de un profesor de la Biblia bien informado, los estudiantes se disponían a descifrar esta literatura apocalíptica, en gran parte envuelta en simbolismo, en el intento de determinar qué sucedería en un futuro aún desconocido.

Sin duda, ese tipo de esfuerzo académico tiene su lugar, pero en este libro quiero que demos un paso atrás y consideremos el libro de

Daniel (como también podríamos hacer con el libro de Apocalipsis) a través de una sola lente: la lente de "el cielo gobierna".

Ahora bien, de ninguna manera la afirmación de que el cielo gobierna sugiere que la vida de Daniel fue encantadora y fácil, sino todo lo contrario. Desde su adolescencia hasta el final de su vida, pasó sus días en el exilio, lejos de su tierra natal. Vivió y trabajó durante aproximadamente setenta años bajo distintos reyes, y sirvió fielmente a su Dios bajo los gobernantes impíos de las sucesivas potencias mundiales. Enfrentó tentaciones y pruebas en abundancia, y tuvo que elegir en repetidas ocasiones entre su fe en su Dios (a quien conocía como el "Altísimo") y los caprichos de los déspotas y gobiernos paganos. El terreno político nunca dejó de moverse bajo sus pies, incluso frente al peligro de servir de alimento a una manada de leones hambrientos, tanto de manera literal como figurativa.

Sin embargo, la confianza serena, humilde y piadosa de Daniel en el Señor no solo lo mantuvo erguido (excepto cuando se arrodillaba para orar), sino que también lo convirtió en la voz de la razón tan buscada en tiempos de crisis. Sobrevivió uno tras otro a reyes y cambios de régimen, sin vociferar ni despotricar contra los poderes malignos, sin protestar contra los sistemas malvados que se perpetuaban; sino aferrado a un hecho inmutable: los gobernantes terrenales ascienden y descienden, pero el Dios Altísimo nunca está en peligro de ser removido de su trono, y nunca abandonará al pueblo que llama suyo.

A lo largo de su dilatada vida llena de historias, Daniel fue un pilar de fe incondicional, ejerciendo una influencia recta en un entorno de injusticia. Esto se debe al hecho de que fijó su mirada en una perspectiva a largo plazo —la certeza del reino eterno de Dios— incluso cuando se enfrentaba a los impredecibles vientos contrarios provocados por una sucesión interminable de líderes disfuncionales y gobiernos que se oponían a Dios.

¿Puedes ver por qué los hechos descritos en el libro de Daniel son tan relevantes y necesarios hoy? Aquí, donde vivimos y servimos en la "Babilonia" que conocemos (ya sea en mi tierra natal de Estados Unidos o en cualquier otra parte del mundo), la vida, las palabras y el comportamiento de este hombre fiel y lleno de fe son de ejemplo para los creyentes hoy y para los de cada generación.

Por eso no creo que sea una coincidencia que el Señor, en su providencia, dirigiera mi atención a la historia de Daniel en las Escrituras mientras mi propio mundo (y quizás el tuyo y, desde luego, *el* mundo) estaba conmocionado y paralizado. A lo largo de ese intenso período, mientras me empapaba del libro de Daniel, la verdad de "el cielo gobierna" me fortalecía, una roca sólida para mi fe. Las cosas que Dios me enseñó y me mostró a través de Daniel han hecho que esta frase se convierta en mi guía de una manera aún más rica y dulce que nunca. Y hoy, cuando la vida y el mundo a menudo parecen estar al revés, esta verdad exquisita y perpetua me mantiene en el camino correcto.

"El cielo gobierna" es la forma en que Robert y yo, con la ayuda de la gracia diaria de Dios, procuramos enfrentar todo en la vida. Por la misericordia de Dios, hoy mientras escribo, estamos viendo el cáncer a través del espejo retrovisor, aunque el proceso ha implicado más procedimientos quirúrgicos, transfusiones de sangre, pinchazos de agujas, tratamientos de quimioterapia, biopsias, tomografías y estadías en el hospital de lo que creíamos poder dar cabida a nuestras dos agendas (¡y que el cuerpo de un hombre podía soportar!). Simplemente encuentras el tiempo cuando el cielo gobierna.

Sin embargo, incluso con la sensación de alivio que sentimos hoy en ese frente, aún debemos elegir deliberadamente confiar y alabar a Dios todos los días, más allá de lo que Él permita en nuestras vidas según su plan bueno y sabio. Nuestra confianza mientras esperamos que Él desarrolle nuestra próxima temporada sigue siendo la misma hoy que en 2019, en esa temporada previa al COVID y al cáncer, cuando escribimos:

> Mientras nos sentamos aquí hoy día, no sabemos qué nos deparará el futuro. Nuestra historia aún está escribiéndose,

y Dios no nos ha dado información sobre cómo serán los próximos capítulos. Pero nuestra confianza está puesta en Aquel que tiene nuestro futuro en sus manos . . . Eso nos da libertad y paz, aunque no podamos ver lo que nos espera.[2]

El cielo gobierna. Es una verdad indiscutible. Y ninguna amenaza, ningún problema, ya sea en nuestro pequeño mundo o en el gran mundo que nos rodea, puede robarnos esa seguridad.

EL VALOR DE UNA SOLA LENTE

Todos sabemos lo que es sentirse superado por la vida y desconcertado ante las situaciones difíciles, especialmente las cosas inesperadas. La vida nos da mucho en qué pensar y en qué preocuparnos.

Por esta razón, mi objetivo en este libro es fijar nuestros corazones en *una sola verdad*, una que se aplica a cada episodio, cada pieza y cada partícula de nuestras vidas y de los tiempos que estamos viviendo. Es una perspectiva que descarta la aleatoriedad y la aparente imposibilidad de cada momento; y, en cambio, la traduce en la oportunidad de obtener una visión más clara de este Dios al que servimos y adoramos, una oportunidad para que quienes nos rodean puedan ver a ese Dios hacerse real en sus vidas.

Es provechoso ver las cosas a través de una sola lente.

No sé mucho sobre fotografía, más allá de tomar fotos con mi teléfono celular, pero sé que la mayoría de los fotógrafos profesionales de hoy usan lo que se llama una cámara réflex de una sola lente (SLR).

La cámara de una sola lente, como me explicaron, constituyó un avance significativo en la tecnología de cámaras cuando salió al mercado por primera vez, principalmente debido a una innovación. Otros modelos de cámara en uso en ese momento requerían que el fotógrafo mirara a través de un visor óptico colocado arriba o al costado de la lente y no a través de la lente misma. Y así, sin importar cuánto tiempo o con qué atención miraras el objeto a la vista, lo mejor que podías hacer era adivinar cómo se veía finalmente la imagen, porque la imagen real no era lo que veías en el visor óptico. La imagen real estaba solo del otro lado de esa lente, donde existía la realidad, donde sucedía la imagen real.

Tú y yo, al observar lo que sucede en nuestro mundo, en nuestro hogar, en nuestras relaciones o en nuestros cuerpos, tenemos una variedad de opciones de visores ópticos entre los que podemos elegir, diferentes formas de tratar de percibir e interpretar lo que estamos viendo, imaginar hacia dónde va todo eso y por qué. No obstante, aunque inevitablemente "ahora vemos por espejo, oscuramente", como señalan las Escrituras (1 Corintios 13:12), veremos con mayor claridad si nuestros ojos están puestos en lo que realmente está sucediendo y no en las distintas perspectivas terrenales y temporales que se enmascaran de lo que más importa.

Lo que más importa es recordar que el cielo gobierna.

CG

Pon ese cuadro en tu pared y fíjate si no aporta una nueva perspectiva a toda tu vida.

UN PRESENTE DEL FUTURO

Volvamos a la historia de Nabucodonosor que abrió este capítulo. Este gobernante demasiado independiente, que se creía dueño de su propio destino, necesitaba enfrentarse cara a cara con el hecho de que estaba completamente a merced del Dios del cielo. Y Daniel le dijo exactamente eso.

Después de explicarle que el sueño sobre la tala de aquel árbol frondoso era una advertencia para el arrogante rey, Daniel apeló a él encarecidamente y le ofreció esperanza si se humillaba y se arrepentía:

"Por tanto, oh rey . . . tus pecados redime con justicia . . . pues tal vez será eso una prolongación de tu tranquilidad" (Daniel 4:27).

Dios le dio a Nabucodonosor amplia oportunidad —un año entero después del sueño (4:29)— para inclinarse ante el gobierno del cielo. No obstante, al persistir en su delirio de autonomía y grandeza propia, Dios lo destituyó de su trono y lo llevó a tener que rebuscarse el alimento sobre sus manos y rodillas como un animal sin alma.

Siete años después, el antes arrogante rey de Babilonia llegó a ver la vida a través de una lente totalmente distinta. "Mas al fin del tiempo yo Nabucodonosor alcé mis ojos al cielo, y mi razón me fue devuelta" (4:34). ¡Por fin! El rey había desperdiciado todos esos años rechazando lo que el ángel y Daniel habían dicho acerca de que el Altísimo era el que gobernaba. Sin embargo, todos estos años después, la verdad seguía siendo la misma. Exactamente la misma. Ni más ni menos. Solo a la espera de que un antiguo rey, o tal vez la persona que vemos en el espejo todos los días, reconozca que "el cielo gobierna".

El cielo gobernaba entonces.

El cielo gobierna hoy.

El cielo gobernará mañana.

Y el cielo gobernará por toda la eternidad.

En lugar de vivir siete años o más en confusión y humillación innecesarias y autoinfligidas, ¡cuánto mejor es seguir adelante y vivir ahora en el consuelo y el valor del gobierno eterno de Dios! Es donde el futuro se encuentra con el presente; donde su omnipotencia se encuentra con nuestra fragilidad; donde el consuelo se encuentra con el valor; y donde nadie tiene que perder la razón en el proceso.

CAPÍTULO DOS

La historia detrás de la historia

Seguramente, Dios está haciendo diez mil cosas en tu vida,
pero puede que solo seas consciente de tres de ellas.

—*John Piper*

LA HISTORIA DE DANIEL tiene lugar en el contexto del cautiverio en Babilonia, cuando el pueblo judío soportó setenta años de exilio en Babilonia bajo el puño de hierro de un déspota tiránico. La experiencia fue brutal, horrorosa, desgastante, aparentemente interminable y sin sentido.

Eso es lo que el pueblo escogido de Dios podía ver. Es lo que se sentía desde su perspectiva.

Y así es como a veces vemos y sentimos nuestra historia y nuestro mundo. Vemos personas orgullosas y políticas sin sentido que desvalorizan e irrespetan lo que es preciado para nosotros. Nos desgastan con sus interminables ataques a la verdad y a quienes la profesan. Y no nos olvidemos de ese incansable enemigo de Dios y de su pueblo: el mismo diablo, que se inmiscuye en los tejemanejes de este mundo y ejerce al máximo los poderes (limitados) que posee para causar estragos en todos los flancos.

Todo es exasperante y agotador, por decir lo menos.

Sin embargo, más allá de todo lo que vemos y experimentamos aquí en la tierra, se está desarrollando una historia mucho más grande y diferente. Y *esa* historia se nos aclararía si tan solo pudiéramos ver las circunstancias y dificultades de la vida desde la perspectiva del cielo.

Tomemos, por ejemplo, una historia que comenzó en el contexto de las crueldades llevadas a cabo en la Unión Soviética en la primera mitad del siglo xx. Para quienes fueron víctimas de estos acontecimientos, las realidades visibles fueron duras e inexplicables; pero resultó ser que los hechos dolorosos, que se podían ver aquí en la tierra, estaban preparando el escenario para una historia redentora más grande e invisible, que Dios estaba escribiendo desde el cielo.

(Solo un aviso: este relato es un poco complejo de seguir, pero vale la pena hacerlo. Ilustra maravillosamente un principio importante que encontraremos en acción en el libro de Daniel, así como en nuestras propias historias, si abrimos nuestros ojos espirituales para verlo).

· · ·

A finales de octubre de 1937, justo cuando el invierno se apoderaba de las latitudes septentrionales de Rusia, trenes de vagones comenzaron a salir de las regiones más orientales de su vasto territorio. Cada compartimento estaba repleto de coreanos étnicos, que habían sido deportados del único hogar que sus familias habían conocido desde finales del siglo xix.[1]

En busca de un puerto en el Pacífico libre de hielo para el comercio y los buques de guerra, los rusos habían adquirido esta región terrestre, en gran parte deshabitada, de China durante los días de la dinastía Qing. En busca también de una zona geográfica intermedia entre ellos y Japón, los rusos habían tratado de entablar amistad con los inmigrantes coreanos que ya habían comenzado a reasentarse allí después que severas hambrunas los empujaran hacia el norte y donde habían llegado en mayor número cuando Japón ocupó Corea.

Sin embargo, en 1937, Rusia había reunido ya a varios estados vecinos de la enorme Unión de Repúblicas Socialistas Soviéticas.

Stalin se había establecido como dictador de la URSS, y al igual que Hitler, veía enemigos del estado dondequiera que mirara. Aunque estos coreanos, que vivían en las regiones más orientales de Rusia, no eran así en absoluto, Stalin sospechaba que ellos o bien albergaban espías o bien funcionaban como espías, y arbitrariamente ordenó su exilio en las profundidades de Asia Central, ¡a más de seis mil kilómetros de distancia!

Los números varían, pero las mejores conjeturas sitúan el tamaño de la deportación coreana en 170.000 personas, posiblemente más. Llegaron a los estados satélites soviéticos, ahora conocidos como Uzbekistán y Kazajistán, donde se les prohibía practicar sus antiguas tradiciones. A sus hijos se les enseñó el idioma ruso en la escuela. Con el tiempo, estos ciudadanos coreanos serían absorbidos por la cultura que los rodeaba, aunque los trataban como ciudadanos de segunda clase y estaban obligados a sufrir las humillaciones de la discriminación y los prejuicios raciales.

Esa deportación ocurrió en 1937.

Avancemos ahora rápido cincuenta años. A fines de la década de 1980, la Unión Soviética, que durante décadas se había enfrentado cara a cara con Estados Unidos en el titánico enfrentamiento conocido como la Guerra Fría, comenzó a mostrar signos de resquebrajamiento. En un intento desesperado por salvar su tambaleante sistema comunista, los soviéticos, encabezados por Mijaíl Gorbachov, iniciaron esfuerzos para rehacer algunas de sus políticas económicas (*perestroika*) y abrir su sociedad cerrada al mundo (un principio llamado *glasnost*).[2]

Estaba en todas las noticias. Todo el mundo hablaba de la inminente ruptura de la Unión Soviética. Parecía imposible, casi esperanzador, pero aún más un poco aterrador, dada la historia de las relaciones entre Estados Unidos y la Unión Soviética. Los dos habían estado en gresca durante mucho tiempo y en la lucha para ver qué lado finalmente prevalecería. ¿Qué pasaría después? ¿Los drásticos cambios llevarían a la paz mundial o a una peligrosa desestabilización?

Para nuestros propósitos aquí, diremos que este es el panorama desde una *perspectiva terrenal*.

Mientras tanto, a medida que los estados soviéticos de Asia Central comenzaban a abrir sus puertas a los intereses extranjeros, la iglesia en Corea del Sur experimentaba un crecimiento explosivo sin precedentes. Aunque perseguida y reprimida por sus amos japoneses durante la primera mitad del siglo xx, la iglesia había emergido de los años de la Guerra de Corea (1950–1953) a un período de vigoroso crecimiento. Y, a medida que creció, también lo hizo su celo por enviar misioneros para evangelizar a gente de otras tierras.

En cualquier situación, sin importar cómo se vea en la tierra, hay otra historia detrás de la historia. Hay una versión del cielo de la historia.

La evolución de la situación en la antigua Unión Soviética resultó en especial intrigante. Los misioneros coreanos, como otros, estaban ansiosos por aprovechar esta nueva apertura, que incluía los estados ahora independientes de Uzbekistán y Kazajistán. Cuando llegaron estos misioneros, se enfrentaron a los esperados desafíos interculturales de tratar de llegar a personas con las que no compartían historia ni trasfondo, excepto por el hecho de que entre los uzbekos y los kazajos había cientos de miles de personas que, durante generaciones, habían estado viviendo como rusos, pero que obviamente eran de ascendencia coreana.

De repente —¿sorprendentemente?—, estos misioneros surcoreanos se encontraron rodeados de coreanos de tercera y cuarta generación que, a pesar de que las acciones de Stalin contra sus abuelos y bisabuelos en 1937 les arrancaron sus raíces ancestrales, parecían muy interesados en recuperar lazos culturales con su patria tradicional. Como resultado, estos misioneros encontraron un terreno fértil para sembrar las semillas del evangelio. Y debido a la profunda integración de estos expatriados coreanos a la sociedad local, también pudieron llegar a los corazones de muchos otros en la región.

Esta historia no era la que escuchábamos en los noticieros nocturnos de principios de la década de 1990 ni la que leíamos en nuestros periódicos matutinos. Y, sin embargo, en los compartimentos fríos y estrechos de esos vagones de tren dilapidados, que circulaban a través del inhóspito paisaje ruso, que parecía haber sido abandonado por el Dios viviente que supuestamente creó el mundo y gobernaba todo lo que hay en él, este mismo Dios había estado obrando de manera invisible. Este Dios estaba escribiendo una historia y llevando a cabo un plan que no se vería ni se conocería en la tierra hasta dentro de varias décadas: un plan redentor eterno, a través del cual muchos miles serían llevados a doblar sus rodillas ante Cristo.

Digamos que este es el panorama desde la *perspectiva del cielo*.

En cualquier situación, sin importar cómo se vea en la tierra, hay otra historia detrás de la historia. Hay una versión del cielo de la historia. Y esta historia, vista desde la perspectiva del cielo, es tan real, incluso más real de lo que parecen las cosas a la mayoría de los observadores aquí en la tierra. Está lo que puedes ver que sucede aquí en la tierra, y lo que Dios está haciendo desde el cielo, que quizás no podamos ver o percibir en este momento.

Mientras recorremos juntos la historia de Daniel, presta atención a estas dos perspectivas diferentes. No tengas miedo de marcar los pasajes que estudiaremos, así como lo he hecho yo en mi Biblia. Toma nota cuando veas lo que está sucediendo desde la perspectiva de la tierra. Y, cuando veas el compromiso y la intervención de Dios, puedes escribir "CG" en el margen como recordatorio de que el cielo gobierna.

Comienza por tomarte unos minutos para leer Daniel 1. Mientras analizas esta narración de apertura, pregúntate: "¿Qué estaba sucediendo desde la perspectiva *terrenal*?" Y: "¿Qué estaba haciendo *Dios* detrás de escena en medio de tales sucesos?". Toma nota de cualquier observación CG.

DETRÁS DE LOS TITULARES DE LAS NOTICIAS

El libro de Daniel comienza: "En el año tercero del reinado de Joacim rey de Judá, vino Nabucodonosor rey de Babilonia a Jerusalén, y la sitió" (Daniel 1:1).

Ahí tienes la fecha y el contexto histórico de los sucesos que siguen a continuación.

Este es el tipo de informe que verás y escucharás en las noticias de hoy. Periodismo rápido, conciso y evidente, que da nombres, fechas y acciones humanas.

Las fuerzas de Babilonia llegaron a Jerusalén y rodearon sus muros exteriores, con lo cual cortaron su cadena de suministro. Eso es exactamente lo que sucedió.

Sin embargo, este abreviado relato omite una información clave. Pasa por alto el énfasis principal o la importancia de la historia al concentrarse por completo en los detalles obvios. Los árboles no les dejan ver el bosque.

La perspectiva que falta en el primer versículo de Daniel 1 —la más importante— se encuentra en el siguiente versículo, donde la Biblia informa no solo sobre la toma histórica de la ciudad, la tierra y su rey,[3] sino que también aclara quién estaba haciendo qué:

> Y *el Señor* entregó en sus manos [Nabucodonosor] a Joacim rey de Judá (Daniel 1:2).

Ahí está tu historia. Es Dios, el sujeto de cada oración. Dios, la mano activa detrás de cada acontecimiento. (Sugerencia: este es un buen lugar donde anotar "**CG**" en tu Biblia).

Ya hemos hecho referencia a los dos términos teológicos importantes relacionados con este concepto: la *soberanía* y la *providencia* de Dios. Sus significados son similares, pero cada uno es suficientemente distinto para que juntos nos presenten un panorama aún más amplio de lo que Dios hace y por qué lo hace.

- La *soberanía* es su derecho como Creador de gobernar sobre su creación.
- La *providencia* se refiere a la forma en que usa su poder soberano para lograr sus propósitos.
- La *soberanía* implica que pertenecemos a Dios y que Él puede hacer con nosotros lo que quiera.
- La *providencia* afirma que Él actúa de manera que promueva su plan bueno y sabio para nuestra vida.

De modo que hay soberanía y hay providencia. Deidad con designio. Poder con propósito. No es suficiente decir que las cosas suceden por una razón; el asunto principal es que las cosas suceden por las razones de *Dios*. Dios mismo obra activamente en nuestro mundo y en nuestras vidas para llevar a cabo sus propios objetivos.

Esta realidad está entretejida a lo largo de las Escrituras. Por ejemplo:

Todo lo que Jehová quiere, lo hace, en los cielos y en la tierra (Salmos 135:6).

Esa es la *soberanía* de Dios. Y:

[Él] hace todas las cosas según el designio de su voluntad (Efesios 1:11).

Esa es la *providencia* de Dios.

¿Comprendemos siempre lo que Dios está haciendo en el mundo y en nuestras vidas? Por supuesto que no. No somos Dios, pero podemos estar seguros de esto. En conjunto, la soberanía de Dios (su derecho) y su providencia (su intervención intencional, que Romanos 8:28 afirma que siempre es buena para con su pueblo) pueden protegerte a ti y a mí y a nuestros corazones, que a menudo tiemblan dentro de una fortaleza impenetrable.

Esto nos muestra que, incluso en esos momentos difíciles y aterradores de la vida —como cuando el pueblo de Dios, incluyendo a Daniel, fue capturado y llevado de su tierra natal a un ambiente hostil—, más cosas están sucediendo de lo que se puede ver desde una perspectiva terrenal. Hay otra forma de verlo: desde una perspectiva celestial.

Aunque los acontecimientos de la tierra a menudo parecen azarosos, sin sentido, sin esperanza e incluso crueles, lo que ocurre en el reino celestial está impregnado de tanta sabiduría y bondad, con un plan y propósito superior, que, si supiéramos lo que Dios está haciendo, no podríamos más que alabarlo y adorarlo por todo lo que ocurre a nuestro alrededor, sin importar cómo se ve desde nuestra perspectiva humana y terrenal.

Si lo estás buscando, esto es lo que verás una y otra vez a lo largo del libro de Daniel, de hecho, a lo largo de toda la Biblia.

Nunca volverás a ver las noticias de la misma manera una vez que comiences a entender lo que sucede detrás de esos titulares, lo que Dios está haciendo aquí en la tierra para lograr sus propósitos eternos y celestiales. Incluso, en los momentos cuando no tengas una comprensión terrenal de por qué ocurre algo, podrás confiar en que Dios sabe lo que está haciendo y que sus propósitos siempre son buenos.

COBERTURA COMPLETA

En esos meses cuando estaba entretenida con el libro de Daniel, recuerdo una noche ver las noticias con mi esposo. Después de escuchar un resumen de las mismas tres o cuatro historias que habían dominado la cobertura durante toda la semana, con varios invitados que debatían y razonaban en voz alta sobre lo que significaba todo, miré a Robert y exclamé: "Cariño, ¡el libro de Daniel es mucho mejor que esto! Es más oportuno, más útil y, definitivamente, más alentador y, de hecho, más preciso".

Si recordar que "el cielo gobierna" no fuera más que una forma reconfortante de procesar y asimilar las noticias diarias, esta cualidad por sí sola lo haría invaluable (al menos para mí). Piensa nuevamente en algunas noticias que nos han bombardeado a través de nuestros televisores y dispositivos electrónicos desde 2020: la gráfica diaria de nuevas infecciones y muertes por COVID; una elección presidencial polémica y disputada en Estados Unidos; conflictos raciales e indignación; disturbios y saqueos; tasas de delincuencia que se disparan en las ciudades estadounidenses y en el extranjero; discusiones sobre máscaras y vacunas; restricciones de viaje; cierre de empresas; residentes de hogares de ancianos y pacientes de hospitales aislados de sus familias; iglesias incapaces de reunirse; batallas políticas sobre inmigración y control de fronteras; afganos que arriesgan sus vidas para abordar aviones en movimiento y escapar de las condiciones de su país, inflación galopante, la subida de los precios de la gasolina, imágenes constantes de la horrible carnicería y devastación en Ucrania.

Todo eso ha sido real. Todo eso ha sucedido en verdad (y, sin duda, más cosas están sucediendo mientras lees este libro). Apagar las noticias no hace que desaparezcan, pero esa incesante avalancha de desastres ha tenido un costo emocional para el que la mayoría no estaba preparado y nos ha dejado con preguntas que no sabemos responder. ¿Estamos simplemente a merced de la próxima mala noticia? Con todos los comentarios contradictorios, ¿a quién vamos a creer? ¿Cómo vamos a soportar otra alarmante alerta de noticias de última hora? ¿Y cómo vamos a lidiar con la pandemia de depresión, desesperación, soledad, desorientación, miedo y adicción, que se ha apoderado de tantos de nuestros amigos y familiares (y tal vez incluso de nuestro propio corazón)?

Aquí es donde es muy importante orientar y aferrar nuestros corazones a la verdad de que el cielo gobierna . . . afirmar por fe que no siempre tenemos una visión clara, que el cielo gobierna sobre todas las cosas, incluso sobre aquellas que amenazan la paz y el bienestar del mundo. Sobre las economías en crisis. Sobre las nuevas variantes contagiosas. Sobre los poderosos tornados en el Medio Oeste. Sobre las atrocidades cometidas en Europa del Este. Dios es soberano sobre los líderes, las naciones, el clima, todos los asuntos geopolíticos de nuestro mundo.

El cielo gobierna sobre todas las cosas, en todas partes.

Eso es lo que vemos en los primeros versículos de Daniel 1. Desde la perspectiva terrenal, el rey Nabucodonosor tomó cautiva la ciudad de Jerusalén y la nación de Judá; pero desde la perspectiva del cielo, el rey de Babilonia no fue la causa principal de la caída de la ciudad. *Dios* se la entregó. Nabucodonosor fue solo el instrumento humano que Dios escogió para cumplir su propósito.

Y, como Dios suele hacer, tenía más de un propósito en mente al presentar este conjunto de circunstancias en el ciclo de noticias. Sabemos, por ejemplo, que Dios quería darse a conocer a Nabucodonosor, como lo hizo más adelante por medio del sueño del rey sobre el imponente árbol que fue cortado (Daniel 4). El Señor tenía asuntos que tratar con este gobernante de Babilonia. Al entregar a su pueblo en manos de Nabucodonosor, Dios puso a Daniel y a tres de sus amigos en la presencia del rey, con lo cual creó una oportunidad para que Dios hablara de manera directa y convincente a este monarca secular. La caída de Jerusalén —una tragedia absoluta desde la perspectiva de los judíos llevados por la fuerza al exilio— preparó el escenario para que tuvieran lugar tales encuentros.

Las acciones de Dios en esta circunstancia también sirvieron para otro propósito (y quién sabe para cuántos más). Al desarraigar a su pueblo de su tierra natal, Dios los estaba disciplinando por su pecado e idolatría, por declarar que Él era su Dios cuando en realidad lo habían abandonado como nación. (Los paralelos con Estados Unidos de este tiempo son demasiado evidentes). Como tú y yo bien sabemos, el pecado en cualquiera de sus formas, especialmente la idolatría, nunca termina bien para ninguno de nosotros. El pecado nos esclaviza, nos rebaja, nos envenena a nosotros y a todas nuestras relaciones. Termina haciendo nada más que lastimarnos. Entonces, ¿por qué Dios, que gobierna soberanamente sobre nosotros y actúa providencialmente hacia nosotros, no daría los pasos necesarios para llevarnos al arrepentimiento y liberarnos de la esclavitud del pecado?

La Biblia señala que el Señor no solo "entregó" la tierra de Judá y su rey, Joacim, a los invasores babilónicos; sino que también entregó "parte de los utensilios de la casa de Dios" en posesión del enemigo (Daniel 1:2). Este saqueo del templo a manos de Nabucodonosor fue un símbolo oportuno de lo que ya había sucedido en los corazones del pueblo de Dios. A pesar de años de pacientes advertencias y fervientes llamamientos de boca de un desfile de profetas que los instaban a arrepentirse y volver a su Dios, que esperaba recibirlos con su misericordia y su bendición, se negaron repetidas veces. De modo que ahora tenían que enfrentar la severa, pero amorosa, disciplina de Dios.

MACRO Y MICRO

Y, una vez más, Dios fue quien hizo todo eso. *El cielo gobierna sobre todas las cosas.* Piensa en esta verdad como la perspectiva *macro*: el panorama general, como lo que veríamos a través de una lente gran angular o un telescopio. Esto debería darnos valor y consuelo en medio de la agitación de nuestro mundo.

Sin embargo, es igualmente reconfortante y alentador darse cuenta de que *el cielo también gobierna sobre los detalles de nuestras vidas individuales.* Esta es la perspectiva *micro*: la vista a través de una lente de zoom o incluso de un microscopio. Sí, Dios gobierna sobre los grandes eventos que se desarrollan en los escenarios nacionales y mundiales; pero también gobierna sobre las nimiedades de nuestra vida personal, circunstancias que nunca serían parte del noticiero de la noche.

Daniel 1 nos proporciona un lienzo viviente sobre el cual observar este aspecto personal del cuidado y control de Dios: la perspectiva micro. Allí vemos que, al llevar cautivo al pueblo de Judá,

Nabucodonosor dio órdenes de traer a "los hijos de Israel, del linaje real de los príncipes, muchachos en quienes no hubiese tacha alguna, de buen parecer, enseñados en toda sabiduría, sabios en ciencia y de buen entendimiento, e idóneos para estar en el palacio del rey" (1:3-4). Su plan era poner a estos jóvenes en un programa intensivo de formación de tres años, una especie de maestría en todo lo relacionado con Babilonia. Mientras se los capacitaba, les proporcionarían todo lo necesario para sus necesidades diarias, incluyendo la mejor comida y bebida.

Era una táctica de manipulación clásica, que jugaba con las mentes y los apetitos de los jóvenes entusiastas y ambiciosos. El rey Nabucodonosor mostraría interés en estos jóvenes de élite de la clase aristocrática, y les ofrecería una carrera prometedora en Babilonia mientras destruía progresivamente su lealtad al hogar, a la familia, a la cultura y a la herencia religiosa. Al ofrecerles buen vino, beneficios reales y los privilegios de un círculo íntimo imaginario, podía reclutar sus talentos para sus propios fines mientras los hacía sentir honrados y obligados a servir al rey que les había prodigado tales honores.

Estamos viendo aquí a un rey en su mejor forma astuta y arrogante; un rey que parece tener un control absoluto; un rey que cree tener a este grupo de jóvenes israelitas en el preciso lugar donde los quiere, sin más opción que hacer lo que él dice.

Sin embargo, no fue así. Cuando los "invitaron" (léase, *coaccionaron*) al palacio del poderoso más grande del mundo conocido, Daniel aún sabía quién era el verdadero Gobernante del mundo, Aquel a quien respondía y a quien debía su máxima lealtad. Como resultado, a pesar de las críticas, que sabía que generaría su resistencia, "Daniel propuso en su corazón no contaminarse con la porción de la comida del rey, ni con el vino que él bebía" (Daniel 1:8).[4]

Fíjate que no se enojó al respecto. (Cuando crees que el cielo gobierna, no te enfadas por los obstáculos terrenales). En lugar de eso, fue directa y respetuosamente al "jefe de los eunucos" (la persona a cargo) y "pidió que no se le obligase" a seguir la dieta prescrita, que iba en contra de la práctica tradicional de su fe (1:8).

Observa atentamente lo que la Biblia dice a continuación:

> Y puso Dios a Daniel en gracia y en buena voluntad con el jefe de los eunucos (1:9).

Tal vez quieras escribir otro pequeño "**CG**" al lado de ese versículo. Otra "observación de Dios".

Ahora dime quién puso a Daniel en gracia con este jefe. *Dios lo hizo.* Incluso aquí, en este "programa de desarrollo", en el cual todos los oficiales sabían que tenía la intención de reprogramar a estos hebreos anticuados e inculcarles el pensamiento babilónico progresista, Dios intervino a favor de Daniel y conmovió el corazón de sus manipuladores paganos.

Así que, cuando Daniel apeló al "jefe" (1:11), que era el responsable directo de los reclutas hebreos, y le sugirió hacer una prueba con una dieta de legumbres y agua durante diez días para él y sus tres amigos, el hombre estuvo de acuerdo. ¿Por qué? Porque Dios había ido antes que ellos. Les había allanado el camino. Los protegía y los sustentaba.

No hay un rey, líder o presidente, ni siquiera tu jefe en el trabajo, cuyo corazón Dios no pueda tocar y cambiar; no hay una persona que Dios no pueda hacer que cumpla su voluntad . . . porque el cielo gobierna.

"Como los repartimientos de las aguas, así está el corazón del rey en la mano de Jehová", señala la Biblia (Proverbios 21:1), como lo está el corazón de todos los que están en autoridad, aunque no reconozcan a Dios. Aun cuando odian y se oponen a Dios, aun cuando adoran a otros dioses, nuestro Dios "inclina" sus corazones "a todo lo que quiere". No hay un rey, líder o presidente, ni siquiera tu jefe en el trabajo, cuyo corazón Dios no pueda tocar y cambiar; no hay una persona que Dios no pueda hacer que cumpla su voluntad . . . porque el cielo gobierna.

Sin embargo, como si el favor de una administración impía no fuera suficiente prueba de la presencia interventora de Dios en la vida de Daniel y sus amigos, la Biblia dice que también "a estos cuatro muchachos Dios les dio conocimiento e inteligencia en todas las letras y ciencias" (Daniel 1:17).

¿Quién se los dio? Dios se los dio.

Sabía que pronto se enfrentarían a situaciones en que necesitarían estas habilidades, particularmente la sabiduría inusual de Daniel para tener "entendimiento en toda visión y sueños" (1:17). Y así, basado en su conocimiento, tanto de los asuntos personales de ellos (el panorama micro) como de todo lo demás que Dios estaba orquestando en el mundo (el panorama macro), los sustentó y les dio todo lo que necesitaban justo cuando lo necesitaban e incluso antes que lo necesitaran.

Ahora bien, estos cuatro jóvenes (Daniel, Ananías, Misael y Azarías) ciertamente no fueron los únicos que participaron en el programa de entrenamiento babilónico para jóvenes hebreos de élite. Son solo los cuatro únicos que menciona la Biblia. Sin embargo, lo que deducimos de las Escrituras es que Dios los tenía en cuenta como individuos y los estaba equipando exactamente con lo que necesitaban (¡que no era la comida y los vinos costosos del rey!), aun en medio del sufrimiento que experimentaban como víctimas de una catástrofe nacional. El mismo Dios que gobierna sobre las naciones y que entregó a Judá al rey de Babilonia (lo macro) también estaba obrando en los detalles de la vida de su pueblo (lo micro).

Y lo mismo sucede en tu vida. Dios siempre te dará lo que necesitas en formas que pueden no ser claras o incluso visibles para ti en el momento. Sin embargo, Él te está preparando para oportunidades y circunstancias que te esperan, retos que pueden ser más difíciles que los que estás experimentando actualmente, cosas que quizás no veas venir y quizás no puedas imaginar.

Dios, y solo Dios, sabe exactamente lo que va a pasar en tu salud, tu familia, tus finanzas, tu trabajo, tu país, este mundo. En todo. Dios es el que sabe, el que gobierna, el que se preocupa. De modo que su obra en ti, aunque pueda retar la lógica convencional e incluso pueda ser dolorosa, si no confusa en el proceso, es de hecho una obra sustentadora, una obra protectora y una obra formadora. Él te está poniendo en el lugar apropiado para mostrar su gloria.

Tu tarea y la mía es simplemente confiar en Dios. Y debido a quién es Él, *podemos* confiar en Él. No importa cuál sea la situación, estamos cubiertos por su amor y su atento cuidado y podemos estar seguros de que Él conoce la mejor manera de guiarnos a través de nuestras circunstancias. Incluso cuando lo que estamos atravesando nos parezca injusto y doloroso.

¿POR QUÉ YO?

Daniel y sus amigos obviamente no habían abandonado a su Dios ni habían seguido un estilo de vida idólatra. Y, sin embargo, estaban lidiando con la misma sensación de pérdida, segregación y desalojo que experimentaba el pueblo al que Dios estaba disciplinando de manera más directa por su desobediencia. Los cuatro adolescentes podrían haber pensado que tenían todos los motivos para malinterpretar las acciones de Dios o estar resentidos a causa de donde Él los había colocado. Deben de haber sentido que toda la situación era inmensamente injusta.

Tú también puedes sentirte así, en ocasiones. Tu vida puede haber sido muchas veces más difícil por las decisiones y los pecados de otros. Tomando prestadas las palabras de Jesús, la lluvia cae "sobre justos e injustos" (Mateo 5:45). Sin embargo, en cada tempestad y cada prueba, Dios moverá el cielo y la tierra para hacer lo que sea necesario para proteger y sustentar a sus hijos. Él no te olvidará en el torbellino de lo que sucede a tu alrededor.

Este tipo de situaciones, de hecho, aquellas que nos llevan a preguntarnos "¿por qué yo?", tienen un propósito. En y a través de todos los imponderables, Dios está llevando a cabo su plan bueno y eterno. Y a menudo usa estas aflicciones e injusticias para crear una plataforma desde la cual tu vida puede dar un poderoso testimonio de su grandeza.

Observa lo que dice:

En cada tempestad y cada prueba, Dios moverá el cielo y la tierra para hacer lo que sea necesario para proteger y sustentar a sus hijos. Él no te olvidará en el torbellino de lo que sucede a tu alrededor.

Pasados, pues, los días al fin de los cuales había dicho el rey que los trajesen, el jefe de los eunucos los trajo delante de Nabucodonosor. Y el rey habló con ellos, y no fueron hallados entre todos ellos otros como Daniel, Ananías, Misael y Azarías . . . En todo asunto de sabiduría e inteligencia que el rey les consultó, los halló diez veces mejores que todos los magos y astrólogos que había en todo su reino (Daniel 1:18-20).

"Diez veces mejores". Eran superiores en sabiduría. Notablemente equilibrados. Fuertes en carácter y convicción. Poseían un nivel de entendimiento que superaba con creces sus años.

Nada de eso era lo que esperaba el rey Nabucodonosor. Nada de eso era lo que esperaban el jefe de los eunucos o la guardia del palacio. Ciertamente, no era lo que esperaban los "magos y astrólogos" o tal vez nadie más en "todo su reino". Nada de eso cuadraba con la perspectiva terrenal de por qué estos cuatro jóvenes habían terminado en Babilonia.

Desde la perspectiva terrenal, estos muchachos no eran nadie; eran prisioneros a pesar de nacer como nobles, ni siquiera dignos del honor de que los llamen por su nombre de pila. Tan pronto llegaron, les asignaron nuevos nombres babilónicos. Ya no se llamarían Daniel o Misael (el sufijo "el" hace referencia a *Elohim*, el nombre hebreo del Dios de Israel, el Supremo, el Poderoso). Ya no se llamarían Ananías o Azarías (heb. *Hananyá* y *Azaryá*, el "*yá*" hace referencia a *Yahvé*, el Dios eterno, inmutable y que guarda el pacto).[5] Todo el programa de reeducación forzada de los hebreos estaba diseñado para mostrarles que sus antiguas costumbres eran obsoletas, sus antiguos maestros no eran tan inteligentes y, sobre todo, su antiguo Dios era inferior al poder y la categoría superior de Babilonia y sus dioses, incluido un rey conquistador llamado Nabucodonosor que pensaba que era un dios.

Sin embargo, te diré una cosa. Ya nadie les pone a sus hijos Nabucodonosor, pero seguro que muchos llaman a sus hijos Daniel.

Lo hacen porque hay algo especial en las personas que se alinean por fe con lo que Dios está haciendo. Hay algo diferente en las personas que están tan convencidas de que Dios gobierna sobre el mundo macro, que pueden confiar genuinamente en que Él los sustenta y los protege en su mundo micro. Hay algo "diez veces" más notable en los que "no son nadie", aquellos que solo tienen una respuesta que los hace sobresalir de tal manera que incluso los que "se creen alguien" no pueden dejar de notar, desear y admirar.

Esa diferencia se puede ver en innumerables formas en la vida de aquellos que verdaderamente confían en Él hoy:

- cuando nuestras publicaciones en las redes sociales son edificantes y honran a Dios en lugar de sermonear sobre la ineptitud de los líderes políticos y la insensatez de sus políticas;
- cuando resistimos la atracción de la promiscuidad sexual y elegimos con firmeza practicar la abstinencia hasta el matrimonio;
- cuando somos fieles a nuestro esposo o esposa en un mundo que no piensa mal de buscar satisfacción fuera del matrimonio;

- cuando nos negamos a vender nuestra alma a una empresa, que nos impone trabajar tantas horas que nos llevan a descuidar la familia, incluso cuando nos pasan por alto en promociones y bonificaciones lucrativas;
- cuando pasamos años cuidando a un padre anciano enfermo en nuestra casa sin resentimiento ni quejas;
- cuando respondemos a personas y hechos complicados en este mundo al revés con palabras pacíficas en lugar de palabras agresivas, perdón en lugar de resentimiento, misericordia en lugar de venganza, y humildad en lugar de arrogancia.

∧

La historia de Daniel nos inspira a creer que también es posible que nosotros mantengamos la calma y el valor frente a las crisis, tanto en la forma en que respondemos a los "macro" titulares en el mundo como en la forma en que lidiamos con los "micro" dolores de cabeza y los inconvenientes en nuestra vida personal.

∨

Sin tener la culpa, Daniel enfrentó una sucesión casi ininterrumpida de dificultades y problemas a lo largo de su vida y carrera, desde su adolescencia hasta bien entrados en los ochenta años. Su historia nos inspira a creer que también es posible que nosotros mantengamos la calma y el valor frente a las crisis, tanto en la forma en que respondemos a los "macro" titulares en el mundo como en la forma en que lidiamos con los "micro" dolores de cabeza y los inconvenientes en nuestra vida personal.

¿Cómo?

Al alzar nuestros ojos desde la perspectiva terrenal para ver lo que está sucediendo desde la perspectiva de Dios. Al recordar, como lo hizo Daniel, que nuestra confianza no está en los poderes fácticos, sino en el Dios todopoderoso del cielo de quien somos y a quien servimos. Al ver todo lo que sucede a nuestro alrededor y en nuestra vida a través de la lente del "gobierno del cielo". Y al confiar en que, aunque sus caminos no siempre sean fáciles de comprender, nuestro Dios soberano y providencial siempre está obrando y llevando a cabo sus magníficos y benévolos propósitos en todo lo que sucede en este mundo.

CAPÍTULO TRES

No hay necesidad de entrar en pánico

Las lágrimas pueden y deben brotar; pero si se acumulan
en ojos que están alzados constantemente al cielo,
brillarán con el resplandor de la gloria venidera.

—*Susannah Spurgeon*

LUIS XIV FUE REY de Francia durante setenta y dos años (1643–1715).
Ascendió al trono a la inimaginable edad de cinco años, momento
en que su madre dirigía funcionalmente el país en lugar de él. Sin
embargo, a los trece años se declaró en pleno mando y poco después
desfilaba por las calles de París al son de los gritos de "*¡Vive le roi!*"
("¡Larga vida al rey!"). Incluso a esa tierna edad, el apuesto joven
monarca ya se había ganado el corazón de su pueblo.[1]

Durante todo su reinado, Luis vivió más o menos por encima
de la ley. Podía decidir y decretar prácticamente cualquier cosa que
quisiera. Le atendieron para todos sus deseos. Aunque algunos lo
percibían como un ogro cruel, otros lo consideraban un estadista
visionario. Cualquiera fuera el caso, eligió como emblema de su
gobierno la imagen del sol, y se proclamó *Roi Soleil*, el Rey Sol,
como si toda la existencia de su reino, de hecho, toda la cristiandad,
girara a su alrededor.

Los historiadores Will y Ariel Durant titularon el capítulo inicial de su tomo de ochocientas páginas sobre la vida y época de Luis XIV con las siguientes tres palabras: "El sol saliente". Cuánto más adecuado sería el título de su capítulo final: "El sol se pone".[2]

¿No es así siempre?

Sin importar lo glorioso o infame que sea el período de un gobernante terrenal en el centro de atención, o cuán largo o breve sea su mandato, al final, el sol se pone en su gobierno. Ya sea que las personas los amen, les teman, sufran por ellos o todo lo anterior, toda persona que asuma el poder llegará en algún momento al final de su tiempo en ese cargo, ya sea por su renuncia o jubilación, por perder en las urnas, por un golpe de estado exitoso o, cuando menos, por su muerte.

Sin embargo, este ritmo de ascenso y descenso no es solo una función de la edad o la oposición política o el inconstante clamor de cambio del público votante. Por encima de todo, a lo largo de todas las épocas de la historia humana, tanto pasadas como presentes, se encuentra un Dios en el cielo que "a este humilla, y a aquel enaltece" (Salmos 75:7). O como dijo Daniel:

> Sin importar lo glorioso o infame que sea el período de un gobernante terrenal en el centro de atención, o cuán largo o breve sea su mandato, al final el sol se pone en su gobierno.

> Él muda los tiempos y las edades; quita reyes, y pone reyes; da la sabiduría a los sabios, y la ciencia a los entendidos (Daniel 2:21).

Los gobernantes terrenales solo gobiernan porque Dios les permite hacerlo. Y gobiernan solo mientras Él se los permite.

La primera vez que recuerdo haber pensado seriamente en esta realidad fue en una clase de historia mundial en décimo grado, que tomé en la escuela cristiana a la que asistía. El maestro, un hombre llamado Roy Parmelee, era también el entrenador de baloncesto masculino del equipo escolar, conocido cariñosamente como el entrenador Parm. Ese año, en su clase, estudiamos el auge y la caída de las naciones a lo largo de la historia. Y, aunque hace tiempo que olvidé gran parte de lo que aprendimos sobre todos los reinos, imperios y conquistadores que estudiamos, especialmente dónde fueron y qué hicieron cada uno, lo que sí recuerdo es que el entrenador Parm nos animaba a no pensar en los acontecimientos mundiales como meros sucesos naturales y aleatorios, pero tampoco como sucesos bajo el total manejo y control humanos.

Al fin y al cabo, el entrenador Parm nos enseñó que los gobernantes elegidos no son el resultado de elecciones o nombramientos, tomas de poder o cualquier otro proceso, ya sea hecho por el hombre o heredado; sino que Dios los instala y luego los quita cuando termina de lograr lo que quiere hacer por medio de ellos. Vemos esta dinámica a lo largo de la Biblia y discurre bajo la larga marcha de la historia. Ciertamente, lo vemos de manera muy clara en las vívidas páginas de Daniel.

En el sentido más verdadero y central, los reyes (o emperadores, presidentes o dictadores) no gobiernan. El cielo gobierna. Y cualquier autoridad ejercida por poderes humanos está siempre y enteramente sujeta a una Autoridad superior.

Daniel conocía esta verdad. Dios le dio sabiduría y entendimiento para comprenderla. Parece haber sacado provecho de ella cuando, como vimos en el capítulo anterior, se atrevió a rechazar el plan de alimentación que el rey había ordenado para los nuevos súbditos hebreos en el palacio. El rey Nabucodonosor, aunque era un mandatario tan encumbrado, no estaría en el trono para siempre. Y sus edictos, aunque dictados con autoridad incuestionable, permanecían bajo el gobierno de Otro.

A pesar de toda su pompa y gloria terrenales, el gobierno de Nabucodonosor estaba limitado al vaivén de auges y caídas que el

Dios del cielo mantiene sobre cada empresa humana. Daniel usó este conocimiento como su punto de partida: el "qué" del gobierno del cielo, basado en la revelación dada a él (y a nosotros en las Escrituras). Sin embargo, para cada "qué" hay un "y qué" —un "por lo tanto"—, la implicación y la aplicación del "qué". Y aquí hay un "y qué" que atrae mi corazón hacia Daniel y hacia la promesa de lo que todos podemos experimentar mientras descansamos en el gobierno del cielo: la creencia de Daniel en la verdad incuestionable de que el cielo gobierna lo protegió de entrar en pánico incluso en medio de los tensos encuentros con los funcionarios de más alto rango de su época, incluso en situaciones en que su propia vida estaba en juego.

Daniel mantuvo la calma. No vaciló. En palabras del comentarista bíblico del siglo XVIII, Matthew Henry, era "tranquilo y sosegado".[3] Daniel soportó la presión con serenidad. No entró en pánico. Daniel *nunca* entró en pánico.

¿Era solo una cuestión de que tenía un carácter por naturaleza tranquilo? ¿O había algo (Alguien), que él conocía y le infundía una confianza sobrenatural?

Evidentemente, el guion de la vida de Daniel, incluso en sus años de adolescente y adulto joven, lo había llevado lejos del camino que habría elegido si hubiera sido él quien lo escribía. Sin duda, las elecciones de Dios con respecto a los reyes y las naciones del siglo VI a.C. no eran fáciles de entender, incluso para alguien como Daniel, a quien se le había dado gran entendimiento. Sin embargo, él era consciente de que Dios sabía lo que estaba haciendo. Y Daniel estaba convencido de que este rey, Nabucodonosor, bajo cuyo régimen terrenal ahora vivía, no poseía autoridad excepto la que Dios le había dado. Se le había dado cuerda por un tiempo determinado.

Así que Daniel, a pesar de los peligros y desafíos que enfrentaba, sabía que no tenía nada que temer. Aunque vivía y trabajaba en un mundo caótico bajo gobernantes narcisistas y locos por el poder, era inmune al pánico. No porque tuviera confianza en sí mismo, sino porque ningún rey de la tierra era más fuerte que el Rey en quien Daniel confiaba tácitamente.

Sin importarle lo que pasara, se mantenía imperturbable, porque sabía que el cielo gobierna.

NI TORMENTA NI INUNDACIÓN

Sin duda, los "reyes" que están ejerciendo su poder sobre ti y sobre mí hoy no se parecen exactamente al rey Nabucodonosor de los días de Daniel. No obstante, sin duda, hay personas y circunstancias que intentan controlar nuestras vidas. Por eso debemos aprender a instruir nuestro corazón y nuestra mente en la verdad de la Palabra de Dios: que Él es el Rey verdadero y eterno.

Eso significa que el cáncer no es el Rey.

Ninguna pandemia es el Rey.

Ningún dictador demente es el Rey.

Las preocupaciones financieras y las crisis no son el Rey.

Las injusticias cometidas contra nosotros o contra los que amamos no son el Rey.

Otras personas (un hijo, un cónyuge, un padre, un amigo, un pariente, un compañero de cuarto, un supervisor, lo que sea) pueden tener la capacidad de herirnos profundamente o incluso hacer que se nos rompa el corazón; pero ninguna de estas personas es el Rey. Ninguna de ellas tiene el poder de gobernar nuestras emociones, decisiones y respuestas.

Solo Dios es el Rey. Todos los demás están bajo el control de Dios, ascienden y descienden a su orden. Y esta verdad (porque *es* verdad) nos infunde vigor espiritual y nos imparte una sensación de equilibrio, que no tendríamos esperanza de disfrutar de otra manera.

> ∧
> El cáncer no es el Rey. Ninguna pandemia es el Rey... Las preocupaciones financieras y las crisis no son el Rey. Las injusticias cometidas contra nosotros o contra los que amamos no son el Rey... Solo Dios es el Rey.
> ∨

Durante los inolvidables altibajos (más bajos que altos, al parecer) de los años recientes, además de sumergirme en el libro de Daniel, me he puesto a leer el Salmo 29. Una y otra vez, durante días difíciles y, a veces, noches de vigilia, he meditado en estos once versículos frase por frase; recitándolos y declarándolos en oración una y otra vez, hasta convertirlos en parte de la fibra misma de mi ser.

La primera parte de este salmo describe algo drástico, que sucede en la naturaleza, posiblemente una tormenta eléctrica masiva, que simboliza circunstancias abrumadoras que amenazan con hundirnos. Y el salmo concluye con una resonante declaración de fe que afirma el gobierno de Dios sobre toda la vida y la creación:

> El SEÑOR se sentó ante el diluvio;
> el SEÑOR se sentó como rey para siempre.
> El SEÑOR dará fortaleza a su pueblo;
> el SEÑOR bendecirá a su pueblo con paz
> (Salmos 29:10-11, RVR2015).

Estos dos versículos, si los grabas en tu corazón, te darán suficiente valor y consuelo para perseverar toda la vida, independientemente de los diluvios y las tormentas que puedan amenazar con hundirte.

Observa primero la postura de Dios (v. 10). ¿Qué está haciendo Dios durante esas tormentas? Está sentado. "Se sentó" ante el diluvio; se "sentó" como Rey para siempre. No se está paseando nerviosamente por los pasillos celestiales. No está corriendo en un frenesí de pánico. No está reuniendo improvisadamente a un consejo para que le ayude a decidir qué hacer. Dios está bajo control. Dios *tiene* el control de todas las cosas. Nada sucede en tu vida o la mía, en nuestra nación o cualquier otro lugar del planeta, que Él no presida soberana y providencialmente.

Ese es el "qué". Ahora, ¿qué es el "y qué"?

Aquí está el "y qué": cualquiera que sea la tormenta o el diluvio, ya sea que nos sintamos arrastrados por los problemas y las presiones de la vida o simplemente tengamos temor de que las cosas empeoren, aún podemos vivir con "fortaleza" y "paz".

Increíble. ¿Cómo pueden coexistir experiencias tan aparentemente contradictorias? ¿Tormentas y fortaleza? ¿Diluvios y paz? ¿Cómo pueden la gran variedad de problemas que enfrentamos, ya sea en la sociedad en general o en nuestra vida en el hogar o el trabajo, dar como resultado algo que no sea la angustia y el pánico que suelen paralizarnos?

¿La respuesta? El cielo gobierna. **CG**. Las tormentas y los diluvios de la vida suceden *debajo* de Él, no sobre Él. Aunque las aguas crezcan, Él controla hasta dónde pueden llegar. Y tan cierto como Él encrespa esas olas, también puede apaciguarlas (ver Salmos 107:25, 29).

Esto no significa que los diluvios no sean peligrosos; sino que no son definitivos.

He tenido amigos que estuvieron a punto de perder la vida en diluvios inesperados. Tú y yo hemos visto la cobertura de noticias de grandes inundaciones, como la que cobró la vida de doscientas cuarenta personas o más en Europa durante el verano de 2021. Las inundaciones asustan a la gente, y con razón. Muchos pueden ahogarse en las inundaciones. Las personas pasan la noche o se exponen a los peligros de buscar terrenos más altos, sin saber cómo harán para escapar. En las inundaciones, se pueden perder hogares y posesiones personales. Cuando las aguas retroceden, se les permite rebuscar entre la suciedad y el cieno de los recuerdos empañados, incapaces de comprender cómo sus vidas, que parecían estar en un orden tan razonable solo una semana antes, ahora pueden estar en semejante ruina y caos.

> Las tormentas y los diluvios de la vida suceden *debajo* de Él, no sobre Él. Esto no significa que los diluvios no sean peligrosos; sino que no son definitivos.

Las inundaciones no deben tomarse a la ligera.

Sin embargo, observa lo que hace y puede hacer tu Dios sentado "como rey", cualquiera que sea el diluvio, cualquiera que sea la forma que tome en tu vida. El Dios que reina sobre el diluvio extiende su brazo, sabiendo que Él ha fijado los límites de cuánto tiempo y hasta qué altura pueden subir las aguas, y nos imparte algo que nos marca como uno de sus hijos: "El SEÑOR dará fortaleza a su pueblo" (Salmos 29:11, RVA2015).

Esta declaración implica que somos débiles, y sí lo somos. Cada uno de nosotros enfrenta diversas circunstancias fuera de nuestro control en un mundo que a menudo parece desmoronarse, pero el Señor nos dice: "Bástate mi gracia; porque mi poder se perfecciona en la debilidad" (2 Corintios 12:9). Por eso nosotros, su pueblo, podemos afirmar con humildad y confianza: "Cuando soy débil, entonces soy fuerte" (v. 10); porque Aquel que reina por siempre sobre el diluvio imparte su fuerza a los que confían en Él en su debilidad.

El Señor también "bendecirá a su pueblo con paz" (Salmos 29:11). La noche antes de la primera cirugía de cáncer de Robert, publiqué algunos pensamientos en las redes sociales:

> Estas son las tres verdades a las que nos aferramos mientras nos dirigimos a la cirugía mañana: (1) Cualquier cosa que nos haga necesitar a Dios es una bendición. (2) Puedes confiar en que Dios escribe tu historia. (3) ¡El cielo gobierna!

Tal como lo ha prometido, ese día el Señor nos bendijo con paz. Y nos ha estado bendiciendo de esa manera a lo largo de este viaje, una paz interrumpida solo por aquellos momentos en que olvidamos o no creemos que el cielo gobierna.

Entonces, si sabemos que esto es verdad, que Dios, nuestro único Rey, nos imparte su fortaleza y su paz incluso en situaciones que parecen muy inestables e inciertas, el pánico no es nuestra única opción. El pánico, de hecho, no tiene sentido en estas condiciones. Nuestro Dios se sienta en el trono. Nuestro Dios es "rey para siempre" y es capaz de darnos no solo fortaleza, sino también paz. Así que podemos tener miedo y podemos derramar lágrimas, pero no tenemos que desmayar.

El pánico es solo para las personas que no saben que el cielo gobierna o que no creen que sus reglas se aplican a ellos.

Abramos la Biblia a Daniel 2, donde veremos el ejemplo de un hombre poderoso, que necesitaba desesperadamente aprender que *el cielo gobierna*. Este es uno de los capítulos más largos del libro de Daniel, pero para recibir el impacto total de este relato, espero que te tomes algunos minutos para leerlo antes de ver juntos algunos de los aspectos más destacados.

SECUENCIA DE SUEÑOS

"En el segundo año del reinado de Nabucodonosor, tuvo Nabucodonosor sueños, y se perturbó su espíritu, y se le fue el sueño" (Daniel 2:1). Y cuando lleguemos al final de esta historia, veremos que la única persona que no entró en pánico por los desconcertantes sueños y visiones del rey provenientes del cielo fue Daniel.

> El pánico es solo para las personas que no saben que el cielo gobierna o que no creen que sus reglas se aplican a ellos.

Nabucodonosor no fue el único rey de las Escrituras que Dios despertó de su sueño para confrontar su visión equivocada de la vida. En Ester 6, por ejemplo, Dios usó el insomnio de un gobernante como parte de un plan para salvar la vida de todo el pueblo judío. Ningún gobernante terrenal puede esconderse del Rey celestial, ni siquiera en sueños. Nosotros tampoco, pero Nabucodonosor no lo sabía, y el resultado fue casi desastroso.

Descubrimos que parte de lo que inquietó al rey Nabucodonosor es que se había despertado de esa inolvidable pesadilla, incapaz de

recordar lo que había soñado, pero el rey tenía un plan para tal con-
tingencia. Llamó a su equipo de "magos, astrólogos, encantadores"
(2:2), básicamente practicantes de lo oculto que afirmaban tener
poderes sobrenaturales de discernimiento. Parte de su trabajo con-
sistía en interpretar cualquier acontecimiento que el rey observara
y que considerara señales o presagios. Entonces, incapaz de dormir,
Nabucodonosor llamó a estos hombres y les dijo: "He tenido un
sueño, y mi espíritu se ha turbado por saber el sueño" (2:3).

"No hay más que decir", respondieron básicamente; excepto, por
supuesto, que el rey tendría que contarles lo que había soñado.

Sin embargo, ese era el problema. ¡Nabucodonosor no podía
recordar el sueño! ¿Por qué pensarían que los había llamado en
medio de la noche, en tal estado de pánico, si no estuviera desesperado por saber el contenido de ese sueño antes que pasara toda la
noche? ¡El reloj seguía corriendo! ¡El tiempo era crucial! ¡Y todo lo
que su equipo de "magos" hizo fue perder más tiempo!

A esas alturas, Nabucodonosor estaba *realmente* furioso. En los
momentos fulminantes que siguieron, amenazaba a cada rato a sus
asesores con aniquilarlos ("Si no me mostráis el sueño y su interpretación, seréis hechos pedazos, y vuestras casas serán convertidas
en muladares", 2:5) y trataba de llegar a un acuerdo con ellos ("Y si
me mostrareis el sueño y su interpretación, recibiréis de mí dones y
favores y gran honra", 2:6).

Recuerda que este era el hombre más influyente de la tierra, el rey
del poderoso Imperio babilónico; y estaba perdiendo por completo
la compostura. Ten eso en cuenta al leer y compara esa imagen a la
del Rey sentado "ante el diluvio", Aquel que "fortalece a su pueblo",
Aquel que bendice "a su pueblo con la paz".

Al final, el panel de expertos paganos del rey estuvo tan cerca de
declarar una verdad como nadie lo había hecho durante todo ese
episodio nocturno: "No hay hombre sobre la tierra que pueda declarar el asunto del rey" (2:10). Tenían razón. La petición del rey era
imposible de cumplir. Además, añadieron: "porque el asunto que el

rey demanda es difícil, y no hay quien lo pueda declarar al rey, salvo los dioses cuya morada no es con la carne" (2:11). No es del todo cierto, pero más o menos.

En eso, Nabucodonosor, encendido en ira, se volvió violentamente irracional y dictó un decreto para la ejecución inmediata no solo de los asesores que estaban en su presencia, sino de "todos los sabios de Babilonia" (2:12). Todos ellos.

Aquí es donde la historia gira en torno a Daniel y sus tres amigos. Los cuatro jóvenes estaban técnicamente entre ese grupo de asesores reales, después que (al parecer) el mismo rey los asignara a tales puestos al quedar impresionado en su entrevista con ellos en el primer capítulo de Daniel. Poco sabía el rey Nabucodonosor, cuando reconoció el talento de estos hebreos (que pensó que había conquistado para sí), que solo estaba cumpliendo las órdenes del Rey de los cielos.

No obstante, ser contados entre el pueblo de Dios no nos exime de las pruebas de vivir en un mundo pecador y caído o de las inundaciones que de él fluyen en todas direcciones. Las cosas se veían mal para Daniel en ese momento, como en muchos momentos a lo largo de nuestra propia vida como creyentes. Los reyes de la tierra pueden parecernos demasiado poderosos. Y en muchos sentidos lo son.

Sin embargo, Daniel tenía algo que los otros presuntos sabios (aquellos que entraron en pánico por la envergadura y temeridad de la sentencia de muerte de Nabucodonosor) no poseían. Cuando el secuaz del rey se dirigió a los aposentos de Daniel, golpeó su puerta y le anunció sus intenciones, Daniel dio un paso al frente con una respuesta inesperada, una respuesta provocada por su pleno conocimiento de que por cada suceso que podemos ver aquí en la tierra hay otra perspectiva celestial más verdadera.

> Entonces Daniel habló sabia y prudentemente a Arioc, capitán de la guardia del rey, que había salido para matar a los sabios de Babilonia (Daniel 2:14).

Respondió "sabia y prudentemente". Sin pánico.

Daniel preguntó con calma: "¿Cuál es la causa de que este edicto se publique de parte del rey tan apresuradamente?" (2:15). Y Arioc, este oficial de la corona, se quedó sorprendido de que un hombre al que solo le quedaban unas horas de vida no huyera para salvarse ni suplicara misericordia. Vemos en las Escrituras que Arioc se tomó el tiempo de explicar toda la situación a Daniel, como si estuvieran tomando un café. Quizá con una sincera disculpa por tener que cumplir con su deber. ¡Qué contraste debe haber tenido el comportamiento de Daniel con la recepción que este hombre había encontrado en las puertas de otros sabios que había visitado ese día! Con aquellos que pensaban que el rey del cielo se sentaba en el trono de Babilonia. Lo que Arioc vio en Daniel fue algo completamente diferente e inesperado.

Fortaleza y paz.

Paz y fortaleza.

No era solo un rasgo de la personalidad de Daniel ni un reflejo de su carácter natural. Daniel exudaba la tranquila seguridad de alguien con plena conciencia de que el cielo gobierna. Es la misma tranquila seguridad que tú y yo también podemos experimentar en nuestro interior e irradiar a nuestro alrededor cada vez que nos sorprende la siguiente noticia perturbadora que llega a nuestra puerta.

¿Problemas? ¿Disturbios? ¿Acusaciones falsas? ¿Advertencias de inundaciones?

No, no es bueno, pero no es momento para entrar en pánico.

El cielo gobierna.

PAZ EN ESTOS TIEMPOS

Mientras nuestro mundo se agitaba a diestra y siniestra en 2020, grabé una breve serie de pódcasts denominada "Coronavirus, cáncer y Cristo". Quería instruir mi propio corazón con la Palabra de Dios, así como animar a otros, aquellos que, como Robert y yo, se sentían abrumados por las tormentas e inundaciones que aparecían diariamente en nuestros correos y noticias, y que incluso se veía directamente en nuestros rostros. En el proceso de preparación de esta nueva serie, revisé las transcripciones de algunas sesiones que había enseñado en el pasado y descubrí que ¡me estaba predicando a mí misma! Aquí hay algunos extractos que me hablaron de manera particular:

Dios es bueno incluso cuando no sientes que Él es bueno. Dios te ama con un amor incondicional aun cuando sientes que te ha abandonado. Dios está contigo en esta tormenta. ¡Él nunca te dejará!

Recuerda lo que Dios ha hecho en el pasado. Confía en su carácter. Repasa sus promesas. No tomes el asunto en tus propias manos. ¡No permitas que el miedo te lleve a donde Dios no quiere que vayas!

Dios usa los acontecimientos que trastornan el mundo para hacer que nos aferremos a Él.

Mientras enfrentamos temores médicos y económicos, podemos apoyarnos completamente en Cristo como nuestra fuerza y fortaleza.

¡Dondequiera que haya problemas, Dios está aún más presente![4]

Dos cosas me vienen a la mente mientras leo estas palabras nuevamente y recuerdo los tipos de acontecimientos, tanto macro (culturales, políticos, la pandemia) como micro (el cáncer de Robert) que estaban ocurriendo en esa temporada.

Primero, vuelvo a enfrentar el reto, como espero que tú también, de mantenerme anclada en aquellas verdades donde Dios ha mantenido mi corazón anclado antes. Cuando estamos en una crisis, reaccionamos en función de lo que hemos estado más acostumbrados a pensar, ver, creer y experimentar. Y si hemos tenido el hábito de permanecer en la verdad de Dios, si con eso hemos estado saturando regularmente nuestra mente e instruyendo nuestro corazón, su verdad se asentará en nuestra alma en ese momento, para protegernos y brindarnos un refugio seguro, aun cuando azote la tormenta o el diluvio.

Segundo, historias como la de Daniel y otras que el Señor ha preservado para nosotros en las Escrituras dan una lectura más precisa de lo que realmente ocurrió no solo en el mundo de entonces, sino también lo que ocurre en nuestro mundo de hoy.

Pienso, por ejemplo, en los apóstoles Pedro y Juan, que encontraron una oposición que amenazaba sus vidas por atreverse a declarar su fe en Cristo resucitado. Sabían que Dios reinaba como Rey, y que "todo lo que [hicieran]" los categóricos enemigos de su Hijo "ya estaba determinado de antemano de acuerdo con [su] voluntad [de Dios]" (Hechos 4:28, NTV). Sin embargo, al haber sido testigos de cómo Dios convirtió la injusticia más flagrante de todos los tiempos (la crucifixión de Cristo) en un triunfo de su gobierno (la resurrección de Cristo), podían orar con confianza por las personas que ahora se *les* oponían: "Y ahora, Señor, mira sus amenazas, y concede a tus siervos que con todo denuedo hablen tu palabra" (v. 29). Las obras de Dios en el pasado constituían el marco de su valor, libre de pánico, y su confianza en Él en el presente.

No obstante, incluso más allá de estos relatos bíblicos, que tranquilizan mi corazón, casi todos los días, si las busco y presto atención, escucho historias de la fidelidad de Dios que da fortaleza y paz en la vida de las personas que me rodean.

No hace mucho, me reuní con una antigua amiga, a la que no había visto en muchos años, en el recibidor de un hotel hasta altas horas de la noche. Ha sido una sierva fiel que ama Cristo desde que era una adolescente. Sin embargo, las tormentas se desataron a su alrededor cuando se enteró de que su esposo de treinta y tantos años, que había servido en el ministerio vocacional durante décadas, había estado viviendo una mentira durante largo tiempo. Ola tras otra de dolorosas revelaciones habían caído sobre ella: una aventura sórdida, docenas de coqueteos con mujeres que eran completas desconocidas y una interminable red de engaños para encubrirlo todo.

Como consecuencia, ella, por supuesto, se afligió profundamente, tanto por el alma de su esposo como por su propia pérdida. Y mientras estaba en aflicción, se vio obligada a tomar decisiones terriblemente difíciles y a dar pasos que no podría haber imaginado cuando ella y su esposo servían felizmente juntos al Señor. La vida que una vez experimentó ha cambiado para peor en casi todas las formas imaginables y ha devastado a sus hijos, sus finanzas y su salud.

Sin embargo, mientras escuchaba su historia, me llamó la atención que la mujer sentada a mi lado no estaba emocionalmente alterada, ni había sido superada por las decisiones pecaminosas de su esposo. Manifestaba una tranquila fortaleza y paz, porque la traición y las crisis que su marido infiel provocaron no son el "rey" de su vida. Cristo es el Rey. Esa calamidad que le cambió la vida tampoco es definitiva. Cristo está con ella en su dolor presente. Y más allá de las angustias de esta vida, Él le ha prometido un futuro glorioso y eterno, que hace que todo lo que ella ha sufrido palidezca en comparación.

No estamos condenados a la desesperación, a pesar de las inundaciones de angustia y adversidad que podamos enfrentar, a pesar de las amenazas alarmantes a nuestra salud y seguridad, a pesar de la insistencia de quienes creen que pueden actuar contra nosotros de la forma que quieran, y a pesar de la sensación de que no tenemos ningún recurso porque su comportamiento parece estar más allá de la capacidad o voluntad de Dios para intervenir.

Las cosas que parecen inamovibles en la tierra no son inamovibles para el Rey de los cielos. "Él muda los tiempos y las edades —declaró Daniel cuando recibió la revelación del sueño del rey en respuesta a la oración—. Quita reyes, y pone reyes" (Daniel 2:21).

Tarde o temprano, todos los gobernantes de la tierra y todos los que están bajo su autoridad reconocerán esta verdad inamovible.

FRAGMENTOS DE METAL

"¿Podrás tú hacerme conocer el sueño que vi, y su interpretación?", le preguntó el rey a Daniel (2:26). Evidentemente, estaba pensando: *¿Cómo lo harás? ¡Porque nadie más puede hacerlo!*

Daniel, que mantuvo tanta compostura al interrogar al capitán de la guardia sobre la sentencia de muerte del rey, al parecer se había ganado el aplazamiento de su ejecución. Después de eso, había ido a pedir oración a sus amigos, y ahora estaba en presencia de Nabucodonosor, listo con la siguiente respuesta a la pregunta del rey:

> El misterio que el rey demanda, ni sabios, ni astrólogos, ni magos ni adivinos lo pueden revelar al rey. Pero hay un Dios en los cielos, el cual revela los misterios (Daniel 2:27-28).

Y este Dios tenía noticias importantes para dar a Nabucodonosor, noticias que solo el Dios del cielo y la tierra podía saber. Tenía que ver tanto con el presente como con el futuro, con el auge y la caída de reyes.

El sueño de Nabucodonosor, tal como Daniel lo reconstruyó, implicaba una "gran imagen", "muy grande, y cuya gloria era muy sublime", cuyo "aspecto era terrible" (2:31), y estaba compuesta de varios metales y otros elementos. Su cabeza era de oro, sus hombros y brazos de plata, su torso de bronce, sus piernas de hierro y sus pies una mezcla de hierro y barro. Según Daniel, estos cuatro metales (oro, plata, bronce y hierro, cuyo valor decrecía de la cabeza a los pies) representaban cuatro imperios diferentes, que comenzaba con el actual Imperio babilónico de Nabucodonosor y luego seguía con otros tres a medida que transcurría el tiempo.

Bien, ¿y esto significa qué exactamente?

Encuentro al menos tres principios **CG**, del "gobierno del cielo", que se destacan en este sueño y su significado, que Dios explica a través de Daniel.

PRINCIPIO CG #1: **Todo el poder humano proviene de Dios.**

La "cabeza de oro" representaba al mismo Nabucodonosor. Daniel le dijo: "El Dios del cielo te ha dado reino, poder, fuerza y majestad" (2:37). Observa de dónde provino el poder: "*Dios . . .* ha dado". Nunca olvides eso. "Y dondequiera que habitan hijos de hombres, bestias del campo y aves del cielo, *él* los ha entregado en tu mano, y te ha dado el dominio sobre todo" (2:38).

Imagina a una persona con las posibilidades e influencia de Nabucodonosor, que viviera conforme a este principio con la idea de que nada de lo que poseía se lo ganaba él, sino que le debía todo lo relacionado con su prominente posición al "Dios del cielo". Todo el futuro de Nabucodonosor podría haber sido diferente. Su período de locura podría haberse evitado. Su reino y su pueblo podrían haber sido establecidos para la bendición de futuras generaciones.

La oportunidad de ser líderes no comienza con nosotros. El poder y el liderazgo son dádivas de Dios.

PRINCIPIO CG #2: **Ningún gobierno o reino terrenal durará para siempre.**

"Después de ti se levantará otro reino" (2:39). Asegúrate de recordar este versículo también. De cada presidente, primer ministro, rey o cualquier otro gobernante terrenal, invariablemente, se puede decir: "Después de ti se levantará otro reino".

El rey Luis XIV, a pesar de sus setenta y tantos años de gobierno, finalmente vio que se ponía el sol sobre su reinado, y su corona fue para su nieto Luis XV. Sabemos que Nabucodonosor gobernó durante más de cuarenta años, tiempo durante el cual era fácil para un hombre de su orgullo y soberbia creer que podría seguir siendo rey para siempre, pero eso no era cierto. Tampoco es cierto con respecto a cualquier "gobernante" en cualquier esfera de la vida, ya sea en el gobierno, en el trabajo, en la iglesia o en cualquier otro contexto. Dios levanta líderes en tiempos y lugares específicos, para sus propósitos eternos, pero ningún ser humano reinará para siempre.

Más allá de Nabucodonosor y su época, el resto del simbolismo de la estatua hablaba proféticamente de los siglos venideros. Los metales cada vez más inferiores eran los equivalentes visuales de los entonces futuros imperios, cada uno menos poderoso y, progresivamente, más débil que el Imperio babilónico. Babilonia, con el tiempo, sería conquistada y desplazada por los medos y persas (la plata), que caerían ante los griegos (el bronce), que caerían ante los romanos (el hierro). Con el tiempo, el vasto grupo de personas, que conformaron el Imperio romano, demostrarían ser incapaces de mantenerse unidos (el hierro mezclado con arcilla). Podemos verificar ahora a partir de la historia conocida, que todas estas cosas sucedieron tal como Dios lo predijo, tal como se lo hizo saber a Daniel para que se lo informara a Nabucodonosor.

Sin embargo, eso no es todo. El sueño del rey contenía un componente dramático final, que es probablemente lo que más lo asustó mientras dormía. Daniel lo contó de esta manera:

> Estabas mirando, hasta que una piedra fue cortada, no con mano, e hirió a la imagen en sus pies de hierro y de barro cocido, y los desmenuzó. Entonces fueron desmenuzados también el hierro, el barro cocido, el bronce, la plata y el oro, y fueron como tamo de las eras del verano, y se los llevó el viento sin que de ellos quedara rastro alguno (2:34-35).

Esta parte del sueño del rey no es difícil de entender. Aquí vemos representado gráficamente el futuro seguro de todos los sistemas humanos, el gobierno y el orgullo: todos esos poderosos reinos terrenales desmenuzados y reducidos a polvo, llevados por el viento hasta que no quede nada de ellos.

¿Y luego qué?

PRINCIPIO CG #3: **El reino de Dios vencerá y prevalecerá sobre todos los reinos de la tierra.**

"Mas la piedra que hirió a la imagen fue hecha un gran monte que llenó toda la tierra" (2:35). La Roca que pulveriza a estos reyes y reinos se levanta hasta que sobrepasa y se extiende sobre cada parte y partícula de la tierra.

> Y en los días de estos reyes el Dios del cielo levantará un reino que no será jamás destruido, ni será el reino dejado a otro pueblo; desmenuzará y consumirá a todos estos reinos, pero él permanecerá para siempre (2:44).

Sin importar lo imponente o impresionante que parezca una nación terrenal o sus gobernantes, o cuán segura esté de su posición o cuán dedicada a su destino, en el futuro será desmenuzada.

Piensa en el "y qué" de tal declaración. Podemos (y debemos) ser patriotas con el país que llamamos hogar, y podemos (y debemos) pedir a Dios que nos dé líderes que gobiernen con sabiduría y justicia. Sin embargo, estamos equivocados si alguna vez ponemos nuestra esperanza en el "reino" de cualquier nación, partido político o candidato en particular. El único reino que importa por la eternidad es el reino de Dios. No enarbolemos tan alto otra bandera ni hagamos ninguna promesa tan ferviente que no sea la que declara:

> Venga tu reino. Hágase tu voluntad, como en el cielo, así también en la tierra (Mateo 6:10).

Porque la estatua de todos los reinos humanos algún día caerá, por la mano de Dios y a sus pies.

Y creo que todo el mundo, al menos en algún momento de su vida, lo sospecha instintivamente. Incluso un rey como Nabucodonosor tuvo un momento cuando se derrumbó ante eso. Cuando Daniel terminó de relatar el sueño del rey y darle su interpretación, "se postró sobre su rostro y se humilló" (Daniel 2:46). De la única manera que sabía, adoró al Dios de Daniel, mandó que le ofreciesen presentes e incienso, y dijo: "Ciertamente el Dios vuestro es Dios de dioses, y Señor de los reyes, y el que revela los misterios" (2:47). Este rey de Babilonia tuvo la sensación, aunque sea fugaz, de que la corona que llevaba en la tierra pertenecía al Rey que gobierna desde los cielos.

El único reino que importa por la eternidad es el reino de Dios. No hagamos ninguna promesa tan ferviente que no sea la que declara: "Venga tu reino. Hágase tu voluntad, como en el cielo, así también en la tierra" (Mateo 6:10).

¡Cuánto más deberíamos saberlo *nosotros* y vivir conforme a tal conocimiento! Porque si lo hiciéramos, cambiaríamos mucho en cómo nos alteramos cuando las noticias son malas; a un nivel macro: cuando se informan números, ciudades se encienden en ira o el futuro parece sombrío. Y a un nivel micro: cuando nuestras facturas aumentan, las personas que amamos nos fallan y cuando nos fallamos a nosotros mismos.

La esperanza *nunca* falla cuando verdaderamente creemos que el cielo gobierna.

El sueño que Dios le dio al rey Nabucodonosor, y le reveló a Daniel, no es un sueño. Es real. Está ocurriendo. La "piedra" que destruyó los reinos, que componían la estatua, es la Roca eterna que vendrá en el tiempo y a la manera de Dios para destruir todos los reinos de la tierra y traer juicio sobre todos los que lo han rechazado. La visión dada al apóstol Juan en el libro de Apocalipsis lo describe de la siguiente manera, en uno de mis pasajes favoritos de todas las Escrituras:

Entonces vi el cielo abierto; y he aquí un caballo blanco, y el que lo montaba se llamaba Fiel y Verdadero, y con justicia juzga y pelea. Sus ojos eran como llama de fuego, y había en su cabeza muchas diademas; y tenía un nombre escrito que ninguno conocía sino él mismo. Estaba vestido de una ropa teñida en sangre; y su nombre es: EL VERBO DE DIOS. Y los ejércitos celestiales, vestidos de lino finísimo, blanco y limpio, le seguían en caballos blancos. De su boca sale una espada aguda, para herir con ella a las naciones, y él las regirá con vara de hierro; y él pisa el lagar del vino del furor y de la ira del Dios Todopoderoso. Y en su vestidura y en su muslo tiene escrito este nombre: REY DE REYES Y SEÑOR DE SEÑORES (Apocalipsis 19:11-16).

Aleluya. Ese día se acerca. El Rey viene. Él viene a juzgar los reinos de esta tierra y a establecer su reino en este mundo, un reino que nunca podrá ser destruido. Tenemos su promesa. Y si estamos mirando con los ojos de la fe, ya podemos ver destellos de ese día.

Los gobernantes más corruptos, los más incompetentes de esta era solo son motivo de alarma si los vemos tan solo desde la perspectiva terrenal. Porque desde la perspectiva celestial, desde la perspectiva de la eternidad, no son motivo para que entremos en pánico en absoluto.

Y a todos nos vendría bien entrar mucho menos en pánico.

MOMENTOS QUE NOS ENSEÑAN

Pienso en aquella clase de décimo grado donde, día tras día, el entrenador Parm nos contaba sobre el auge y la caída de diferentes reyes, reinos y naciones, y les recordaba a sus alumnos, que no solo estábamos aprendiendo nombres y fechas; sino que estábamos viendo el gobierno de Dios en acción a través del tiempo, aquí mismo en la tierra.

Y en la providencia de Dios, las lecciones que estaba aprendiendo en el salón de clases ese año fueron vívidamente reforzadas en el laboratorio de la vida.

La noche antes que comenzara el colegio, como una estudiante de segundo año de aproximadamente la edad de Daniel cuando su joven vida en Judá comenzó a desmoronarse, la casa de mi familia sufrió graves daños a causa de un incendio. Todos nos salvamos, gracias a Dios; pero yo, junto con mis seis hermanos y hermanas menores, tuvimos que mudarnos a la casa de otras familias de la zona mientras mis padres trabajaban para que nos mudáramos a un nuevo hogar. Así comenzó mi año escolar, con las cuatro paredes de familiaridad y seguridad que se derrumbaban a mi alrededor.

En el transcurso de ese mismo año, el negocio de mi padre pasó por un período de fuerte declive. A pesar de años de iniciativa, trabajo duro y liderazgo, la empresa, que se había convertido en un gran éxito, de repente fue objeto de un riguroso ataque. Un negocio que alguna vez fue próspero ahora sufría enormes pérdidas.

Luego, justo al final de ese año escolar, a mi madre le diagnosticaron un tumor cerebral potencialmente mortal. Otra sorpresa. Como si el comienzo y la mitad del año no hubieran traído suficientes luchas, no terminó con una disminución de las presiones y el regreso a la normalidad; sino con una nueva y peor amenaza. Requeriría una seria cirugía cerebral, y el resultado era desconocido.[5] Las aguas del diluvio, que habían estado subiendo, ahora amenazaban con inundar todo mi mundo.

Ese año, me senté en un salón de clases todos los días de la semana con mi libro de historia mundial abierto para estudiar la historia de las naciones y los poderíos mientras trataba de procesar una pérdida personal traumática tras otra.

Sin embargo, en el salón de clases de la vida donde Dios me inscribió, mientras escuchaba su sabiduría a través de maestros, padres, pastores y su Palabra, aprendí que Dios no estaba allí para garantizar que siempre tendríamos prosperidad y éxito, pero tampoco que nos maltrataba y nos dejaba a merced de las olas embravecidas. Aprendí que el consuelo y el valor, la fortaleza y la paz provienen de un Dios que gobierna sobre todos los tiempos de auge y caída de nuestras vidas, así como gobierna sobre los tiempos de auge y caída en cualquier otro lugar, en todo momento, alrededor del mundo.

Durante ese año significativo, lo que antes había conocido teológicamente resultó ser una verdad preciosa y sólida como una roca, que podía guardar mi corazón en cada crisis y que, de hecho, lo hizo.

Nuestro Dios es el Rey. Él gobierna sobre cada diluvio y cada tormenta.

Así que, reposa, alma mía. No hay necesidad de entrar en pánico.

CAPÍTULO CUATRO

¿Hay algún testigo?

*Dios se glorifica cada vez que le entrego mis
decepciones. Lejos de empañar su buen nombre,
sonreír en mi silla de ruedas enciende el resplandor
de su gloria para que otros lo vean.*

—*Joni Eareckson Tada*

SI CONOCES EL ATURDIMIENTO que se siente cuando te dicen que tienes cáncer, también conoces los pensamientos y las emociones contradictorias que pueden flagelar tu corazón en las semanas y meses siguientes. La conmoción y las preguntas. El miedo y la determinación. El susto por lo que implique el futuro tratamiento y, sin embargo, la impaciencia por empezar.

Mi amiga de largo tiempo, Debby Canfield, conoce todos esos sentimientos. Durante casi cincuenta años ha servido junto a su esposo, Steve, en el ministerio del que he sido parte durante la mayoría de esos años. Es madre de seis hijos y abuela de diecinueve nietos (hasta ahora), además de ser conferencista y mentora de mujeres. En la primavera de 2021, Debby recibió la perturbadora noticia de que un bulto en su seno era un tumor canceroso. Se discutieron las opciones y los plazos. En poco tiempo, ella y su equipo de asesores médicos acordaron un plan de tratamiento. Habían programado hacerle una mastectomía en seis semanas.

Debby y Steve llegaron al hospital temprano ese miércoles por la mañana y se registraron. Rápidamente, llevaron a Debby a la sala preoperatoria. A media mañana estaba preparada a la espera del procedimiento de las once. Espera y más espera. Finalmente, alrededor del mediodía, una enfermera fue a informarle que el médico aún estaba en cirugía. Que todavía podrían intervenirla, que no se preocupara, pero que tendría que ser más tarde.

Más espera. La aprensión aumentó cuando la demora de una hora se convirtió en un par de horas, luego en cinco o seis. Steve y Debby calcularon que para cuando comenzara la cirugía de Debby, el cirujano ya habría estado en el quirófano durante diez horas. Además, con las restricciones de COVID vigentes, Steve no podía quedarse a esperar con ella, y ella se quedaría sola en el hospital.

Después de orar juntos, decidieron reprogramar la cirugía, solo para descubrir que lo más pronto que podían realizar el procedimiento era dos semanas después.

¡Qué problema! *¿Por qué, Señor?*

Sin embargo, el cielo gobierna. Steve y Debby piensan de esa manera. (Ojalá todos pensáramos así). Una noche o dos más tarde, en lugar de seguir pensando en eso, le preguntaron a otra pareja de nuestro ministerio, John y Donna Avant, si les gustaría salir a comer, tal vez ir a la casa después y jugar a algún juego.

A primera hora de la tarde, los cuatro estaban sentados en un restaurante local ordenando la cena. Su camarera, una mujer joven a la que llamaré Stacy, ya había ido a presentarse a la mesa. Explicó, en caso de que se notara, que solo había estado trabajando allí dos o tres días y todavía estaba aprendiendo. Además, era nueva en el área y tenía dos trabajos para poder mantenerse.

Cuando regresó para tomar sus órdenes, Steve notó una parte de 1 Corintios 13 tatuada en el antebrazo de Stacy. Le preguntó al respecto.

—¡Oh! —dijo—, esos son los versículos favoritos de mi mamá.

—¿Así que eres cristiana?

—Bueno, no, no estoy muy segura. Mi mamá ora por mí todo el tiempo, pero . . . es que no sé si Dios es real, ¿saben? Aunque, estoy abierta a una señal de que ella tiene razón, de que tal vez Él realmente existe.

Mmmm.

Al reconocer esa oportunidad de presentar el evangelio, Steve y el amigo de Debby, John, le dijeron:

—¿No te parece esto una señal, Stacy? El Señor acaba de enviar cuatro misioneros a tu mesa en tu tercer día de trabajo.

¡Ohhh! Sus ojos se abrieron. Su cara se sonrojó. Estaba escuchando. A lo largo de toda la comida, mientras ella iba y venía a su mesa, le continuaron testificando y ella mostraba querer saber más.

John finalmente dijo:

—Stacy, ¿te gustaría recibir a Cristo? ¿Te gustaría saber de qué amor hablan esos versículos tatuados en tu brazo?

En menos de un minuto estaba de vuelta.

—¡Sí! Sí, me gustaría.

Rápida, pero amablemente, Steve presentó el evangelio a Stacy y le recordó que estaba haciendo un compromiso muy serio: una promesa de por vida, que requiere arrepentimiento y fe, pero que cambiaría su vida para siempre, tal como Cristo había cambiado la de ellos. Luego, John la guio en oración, una respuesta a las oraciones de su madre, allí mismo, alrededor de platos y tazas de té.

Mientras estos cuatro amigos se alejaban, aún radiantes por la alegría de su experiencia compartida aquella noche, Donna miró a Debby y le dijo: "Sabes, si te hubieras operado el miércoles cuando estaba planeado, no hubiéramos ido a cenar esta noche, no hubiéramos conocido a Stacy y no hubiéramos podido hablarle de Jesús".

Es verdad, ¿no es cierto? Tiene toda la razón.

El testimonio que dieron a Stacy aquella noche también fue un testimonio del gobierno del cielo.

Aplica la situación de Debby a tu propia vida por un momento. Se había sentido tan desanimada durante ese largo y decepcionante día en el hospital. La reprogramación de su cirugía solo prolongaba el inicio de su lucha contra el cáncer. Significaba deshacer y rehacer todos los planes, que había puesto en marcha para su período de recuperación. Retrasaba su sensación de progreso y desencadenaba preocupaciones persistentes de que la enfermedad podría progresar en unas pocas semanas.

Ahora bien, ¿cuál era la perspectiva del cielo sobre este giro de los acontecimientos que ella no podía controlar? ¿Y cuál podría ser la perspectiva del cielo sobre la tuya? ¿Qué diferencia hace este principio **CG** cuando sucede algo que no concuerda con tu agenda, cuando una situación personal no tiene ningún sentido para ti y no parece contemplar tus sentimientos?

- Tu automóvil no arrancaba, y eso significaba tener que pedir un servicio de viaje en auto, tal vez incluso una grúa; tener que explicar por qué llegaste tarde y luego tener que hacer otro molesto viaje al taller de reparaciones. Realmente, no tenías tiempo para eso, especialmente en ese momento, con todas tus demás obligaciones, pero . . . el cielo gobierna.
- Estabas ansioso por aceptar ese puesto ministerial en la iglesia. Nunca habrías dicho que sí cuando te lo ofrecieron si hubieras sabido cuánto tiempo iba a demandarte atender las necesidades de salud de tus padres. Estás preocupado de no poder cumplir con todo, pero . . . el cielo gobierna.
- Has llegado a sentir aprensión por las festividades, al menos las reuniones con tu familia ampliada ahora que la disfunción familiar se ha vuelto demasiado obvia e incómoda para ignorarla. Hay una parte de ti que ya ni siquiera quiere estar con esas personas, pero de todos modos asistes y dejas de lado tus deseos de un descanso libre de estrés, porque . . .

Ya sabes la respuesta. Porque crees que el cielo gobierna. Aun cuando lo que suceda entre en conflicto con tus planes. Aun cuando te lleve más allá de tus límites. Aun cuando te obligue a salir de tu zona de confort y a entablar una conversación que te ponga en aprietos. Eso podría preparar el escenario para que Dios aparezca . . . y haga de tu vida un testimonio.

PARTICIPA DE LA INTERRUPCIÓN

Después que Daniel había revelado e interpretado el sueño de Nabucodonosor, el rey le dijo: "Ciertamente el Dios vuestro es Dios de dioses, y Señor de los reyes" (Daniel 2:47). No se me ocurre nada más que prefiera oír de un incrédulo.

- "Nancy, tu Dios es asombroso".
- "Tu Dios realmente responde la oración".
- "Tu Dios debe ser el verdadero Dios".

Quiero que mi testimonio de Cristo sea tal, que aquellos que no lo conocen se vean obligados a decir: "Quiero que tu Dios sea mi Dios". ¿No te encantaría a ti también? Queremos que nuestra vida sea un testimonio viviente y asombroso de su bondad y su grandeza.

¿Sabes qué? Creer que el cielo gobierna y vivir bajo tal premisa puede encargarse de eso por nosotros.

Daniel, como recordarás, estaba en su casa, ocupado en sus propios asuntos, cuando se dio la directiva de "[matar] a todos los sabios de Babilonia", y se vio implicado en un drama no deseado. Sin duda, que lo incriminaran injustamente no era como había planeado pasar el día, como tampoco había planeado enfrentarse al rey con noticias que podrían haber hecho que el tirano casi histérico continuara con una diatriba aún más furiosa.

Y, sin embargo, la intrusión no hizo que Daniel se tambaleara ni que decayera emocionalmente. ¿Por qué? Porque creía que el cielo gobierna. Veía a Dios como quien tenía el control de todas las circunstancias, y ninguna injusticia o amenaza personal podía disminuir la determinación de Daniel de honrarlo. Como resultado, la mañana que había comenzado tan mal terminó con el rey pagano de Babilonia alabando al Dios que adoraba Daniel.

Como verás, estas interrupciones, desvíos y pruebas no deseadas a menudo son el boleto de Dios para nuestro testimonio. Nos brindan una plataforma para engrandecer a nuestro Padre a los ojos de un mundo que observa o, simplemente, a los ojos de otra persona que necesita con desesperación saber que Él es real y bueno.

Nunca nos faltarán oportunidades para dar y vivir nuestro testimonio, a fin de demostrar la diferencia de una persona que sigue a nuestro Dios y de exponer lo difícil que es refutar su realidad. El Señor se asegurará de esto, simplemente con el curso de su gobierno en tu vida. Y si comienzas cada día con la determinación de adorarlo cuando lleguen esos momentos difíciles, sin importar cómo te sientes o cuánto te cuesta enfrentar ese reto, tu testimonio acerca de tu Dios dirá mucho. Eso puede comenzar para ti hoy.

Para demostrar aún más mi argumento, llamo como mi próximo testigo . . . bueno, tres testigos:

Sus nombres son Sadrac, Mesac y Abed-nego. Lo más probable es que el capítulo 3 de Daniel (la historia de los tres amigos de Daniel en el horno de fuego) te resulte bastante conocido; pero de todos modos espero que te tomes un momento para leer este capítulo y refrescar tu memoria. Si es nuevo para ti, léelo para familiarizarte con este dramático relato. ¿De qué manera la prueba que enfrentaron estos jóvenes se convirtió en una oportunidad para destacar el gobierno del cielo?

UNA HISTORIA DE TRES TESTIGOS

Estos tres amigos de Daniel, a petición suya, habían sido designa-
dos por Nabucodonosor para ocupar puestos administrativos en el
gobierno de Babilonia. Estas posiciones surgieron como resultado
del favor que Dios continuó prodigando a Daniel después de los
hechos que rodearon el misterioso sueño del rey. Por eso más tarde,
cuando el palacio mandó "que se reuniesen los sátrapas, los magis-
trados y capitanes, oidores, tesoreros, consejeros, jueces, y todos
los gobernadores de las provincias, para que viniesen a la dedi-
cación de la estatua que el rey Nabucodonosor había levantado"
(Daniel 3:2), no había manera de escapar de eso. La asistencia era
obligatoria.

Sin embargo, también lo era su creencia de que sin importar lo
que ocurriera ese día, confiarían en Dios sin hacer preguntas. Serían
respetuosos como ciudadanos de la nación y cumplirían con sus debe-
res para con ese rey y ese pueblo. Sin embargo, su lealtad suprema,
como siempre, sería a Dios como sus siervos, comprometidos a hacer
su voluntad en todo lugar y a cualquier costo.

Esta estatua, que constituía el punto central de las celebraciones
del día, trae a la mente otra estatua, la que el rey había visto en su
pesadilla anterior. Dios había usado esa imagen visual de Daniel 2
para explicar a Nabucodonosor que su poder para reinar venía solo
de Él y que el mismo Dios pondría fin a su reino. Sin embargo,
Nabucodonosor dio media vuelta y construyó una estatua colosal en
honor a . . . sí mismo.

Parece que se había olvidado por completo del significado del
sueño.

La ironía es casi grotesca, al igual que la estatua misma: treinta
metros de alto, aproximadamente la altura de un edificio de ocho
pisos, y casi tres metros de ancho. Y mientras que la estatua del
sueño representaba a Nabucodonosor como la "cabeza de oro", esta
estatua era *toda* de oro. Probablemente, no era de oro macizo, ya

que no podrían haberla levantado en posición vertical con semejante peso, sino quizás una estructura de madera de algún tipo cubierta de oro.[1] No obstante, sin duda, ese enorme objeto causó la impresión deseada por la forma en que brillaba a la luz del sol y se elevaba sobre los dignatarios reunidos.

Puedes imaginar la incomodidad de Sadrac, Mesac y Abed-nego por la idolatría que estaban presenciando, el mismo pecado que había resultado tan costoso para su propio pueblo. Sin embargo, la incomodidad se convirtió en escalofrío cuando se escuchó el anuncio en voz alta de un pregonero en aquel lugar:

> Mándase a vosotros, oh pueblos, naciones y lenguas, que al oír el son de la bocina, de la flauta, del tamboril, del arpa, del salterio, de la zampoña y de todo instrumento de música, os postréis y adoréis [marca la palabra *adoréis*] la estatua de oro que el rey Nabucodonosor ha levantado (Daniel 3:4-5).

Y para que nadie pensara que estaban exentos de la maníaca orden del rey:

> Y cualquiera que no se postre y adore, inmediatamente será echado dentro de un horno de fuego ardiendo (3:6).

El día de Sadrac, Mesac y Abed-nego acababa de ir de mal en peor. O en el ámbito del "gobierno del cielo", del ordinario al testimonio.

LA GUERRA POR LA ADORACIÓN

No nos engañemos al pensar que ese dilema pasó hace veintiséis siglos. Esta batalla por la adoración no solo es tan antigua como el huerto del Edén; sino tan fresca como el café de esta mañana. El mundo que nos rodea está constantemente provocándonos, incitándonos y a veces burlándose de nosotros para que demos nuestra adoración a cosas y seres creados; adoración que pertenece solo a Dios nuestro Creador. La lista de "estatuas" que estamos obligados a adorar es larga y tristemente conocida. Celebridades. Éxito. Trabajo. Poder. Seguidores y popularidad. Las posesiones y los logros de otras personas. El gobierno como nuestro sustentador y los líderes políticos como salvadores. Comodidad. Conformidad cultural, cueste lo que cueste a nuestra conciencia y las convicciones que decimos tener.

Y no esperes que termine. Esta batalla continuará mientras dure la tierra, hasta que, finalmente, como señala Apocalipsis 13, los creyentes enfrenten una fuerte presión para que doblen sus rodillas ante lo que se describe como la "imagen a la bestia" (Apocalipsis 13:14). Una vez más, en una inquietante similitud con la dinámica de Daniel 3, cualquiera que no adore la imagen del enemigo en ese día será mandado matar (v. 15).

Ya estamos sintiendo esta presión hoy, en algunas partes del mundo más que en otras. Pregunta a los creyentes de Nigeria, de partes de la India, de China. La persecución que, literalmente, enfrentan millones hoy día en países y grupos de personas alrededor del mundo es real, aunque puede estar muy lejos y oculta de nuestra vista.[2] Sin embargo, incluso para aquellos de nosotros que hemos disfrutado de la bendición de la libertad religiosa, esta batalla por la adoración puede que algún día alcance proporciones de vida o muerte, como sucedió en la Babilonia de Nabucodonosor para tres hijos de Dios.

Cuando sea y donde sea que enfrentemos tal batalla en el futuro, ¿se doblarán nuestras rodillas por temor a las consecuencias o mantendremos nuestra posición sobre la verdad de que el cielo gobierna?

¿Qué tipo de testimonio tenemos ahora y tendremos entonces ante los poderes y gobernantes de este mundo?

Tal vez conozcas la historia de lo que sucedió cuando Sadrac, Mesac y Abed-nego permanecieron de pie mientras todos los demás se inclinaban y adoraban. Un grupo de funcionarios locales, tal vez celosos de estos judíos, que habían sido ascendidos a puestos de importancia por encima de ellos, se apresuraron a llamar la atención del rey para asegurarse de que no hubiera dejado de notar el desprecio por su "deidad" que estos tres hombres (*estos tres varones*) estaban mostrando de pie frente a la enorme estatua mientras todos los demás habían caído de rodillas.

Nabucodonosor, fiel a su carácter, se puso furioso. "Con ira y con enojo" (Daniel 3:13) ordenó que llevaran ante él a esos tres hombres, donde repitió el edicto de postrarse y adorar la estatua que había hecho o enfrentar el horno de fuego ardiendo. "¿Y qué dios será aquel que os libre de mis manos?" (3:15).

Sin embargo, como Daniel antes que ellos, estos tres hombres no entraron en pánico. No mostraron ningún sentimiento de terror. Me encanta eso. Lo quiero para mí. Ese día no los había tomado por sorpresa, porque nunca lo hace cuando reconocemos que el cielo gobierna. Las aterradoras amenazas del rey tampoco pudieron moverlos a adorar su imponente estatua, porque ya habían determinado que su adoración pertenecía total y exclusivamente al Gobernante del cielo.

Hay un testimonio en eso. En eso mismo. Hay aún más en cómo Sadrac, Mesac y Abed-nego respondieron a la pregunta que el rey, un dios autoproclamado, había planteado sobre su propio Dios.

> Sadrac, Mesac y Abed-nego respondieron al rey
> Nabucodonosor, diciendo: No es necesario que te
> respondamos sobre este asunto. He aquí nuestro Dios
> a quien servimos puede librarnos del horno de fuego
> ardiendo; y de tu mano, oh rey, nos librará. Y si no,
> sepas, oh rey, que no serviremos a tus dioses, ni tampoco
> adoraremos la estatua que has levantado (3:16-18).

¿Te preguntas, como yo lo he hecho, si podrías tomar la misma postura que estos tres hombres, con toda esa presión a ceder y con sus vidas en juego? Estoy segura de que también habrán tenido sus momentos cuando se lo preguntaron. No obstante, mientras reflexionas sobre cómo será el día (que se parece cada vez más al de hoy) cuando los creyentes tendrán que elegir entre adorar la "imagen a la bestia" o aceptar su muerte, ¿serás capaz de hacerlo? ¿Lo podré hacer? Nos preguntamos.

Y, sin embargo, al igual que con Sadrac, Mesac y Abed-nego, el Señor también nos está preparando ahora mismo. En el caso de ellos, antes de enfrentar esta prueba mayor, ya les había estado tomando pruebas menores, como rechazar la comida del rey a favor de lo que su Dios había prescrito. Y habían estado pasando estas pruebas y aprendiendo de ellas poco a poco, a lo largo del camino.

Lo mismo ocurre en mi vida y en la tuya. Todas estas oportunidades que Dios nos da, los pequeños desafíos, las pequeñas interrupciones, los momentos cotidianos en los que debemos decidir obedecer o transigir, quejarnos o aceptar, avergonzarlo u honrarlo, están edificando algo en nosotros. Están fortaleciendo la firme decisión de nuestra relación con Él. Están solidificando en nuestros corazones la realidad de que el cielo gobierna, en todo lugar, en todo momento. Entonces, cuando enfrentemos una prueba aún más difícil, nuestro corazón estará preparado para dar testimonio incluso en ese momento.

"Todas las cosas . . . ayudan a bien", ¿verdad? Todos sus planes colaboran para sus propósitos en nuestra vida, para el bien de "los que aman a Dios", de los "que conforme a su propósito son llamados" (Romanos 8:28). Su gobierno en nuestros corazones resulta ser nuestro testimonio.

Por eso en Apocalipsis leemos de nuestros hermanos y hermanas en Cristo, que vencieron el poder del enemigo, ¿cómo?

> Y ellos le han vencido por medio de la sangre del Cordero y de la palabra del testimonio de ellos, y menospreciaron sus vidas hasta la muerte (Apocalipsis 12:11).

¿Son estos creyentes de alguna manera diferentes a ti? ¿O a mí? No. Cuéntate entre ellos si has creído en Cristo como tu Salvador. Y "[alégrate]" (v. 12), ¡sí, *alégrate!*, de que Él te esté preparando cada día en este campo de entrenamiento de la vida **CG** para que seas un testigo continuo y vencedor de tu Dios. Durante todo el proceso. De principio a fin.

¡Para dar un gran testimonio de lo que te está preparando!

JESÚS EN EL FUEGO

Un viernes por la noche a finales del año 2021, se levantó el telón rojo en el escenario Grand Ole Opry de Nashville. Cada fin de semana durante noventa años, las superestrellas y los aspirantes a la música country han entretenido espectadores en ese escenario con sus divertidas canciones de amor y pérdidas, de buenos tiempos y de nuestro buen Dios.

Sin embargo, esa noche fue un poco diferente. Un pianista al que nadie había escuchado antes recibió una gran ovación de pie por su interpretación de un entrañable himno cristiano.[3]

Solo una semana antes, el viernes anterior por la noche, un curso histórico de tornados había atravesado cuatro estados del sur de Estados Unidos. Los tornados habían tocado tierra y arrasado casas y propiedades a lo largo de un camino continuo de trescientos veinte kilómetros. La devastación fue horrible, la pérdida de vidas absolutamente desgarradora.

En los días que siguieron, entre innumerables informes de tragedia y conmovedoras historias de vecinos que ayudaban a los demás, apareció un video que rápidamente se volvió viral.[4] Muestra a un padre de Kentucky, de espaldas a la cámara, debajo de los restos de su casa sin techo y llena de escombros. Contra una pared, ahora abierta al sol que brilla donde solía estar el techo, Jordan Baize está sentado en un banco de piano de madera tocando las notas metálicas y saturadas de agua del clásico himno de adoración de Bill y Gloria Gaither: "Cristo, nombre sin igual".

La cámara del teléfono recorre la escena: vigas expuestas, marcos de puertas rotos, cuadros destrozados, el árbol de Navidad caído.

Y, sin embargo, por encima de todo eso suena melodiosamente, como si no hubiera sido tocado por la evidencia visible de lo que se encuentra ante él, esta negativa musical a inclinarse derrotado ante tales pérdidas, que parecen permanentes pero que están limitadas a lo que solo nos pueden quitar. Ese día, y mediante la aparición de Jordan Opry una semana después,[5] declaró el gobierno del cielo ante un mundo cautivado.

Un testimonio. Estas son las cosas que "nuestro Dios" puede hacer cuando **CG** ("el cielo gobierna") es nuestra respuesta a todo.

Sin embargo, ten en cuenta que los testimonios a menudo surgen del dolor y sufrimiento reales. No hay nada dulce en un testimonio de que "el cielo gobierna". No me escucharán comparar la confesión valiente y confiada del gobierno del cielo con un final de cuento de hadas, al menos no todavía. Nunca sabemos en qué nos estamos metiendo cuando elegimos adorar a Dios en lugar de lo que nos resulta más natural: el temor al hombre y la tendencia a postrarnos ante los poderes, las modas y las demandas terrenales. Cuando damos testimonio, podemos enfrentar el ridículo, la ira, el desdén o algo peor. Puede que se hable de nosotros, nos calumnien, se aprovechen de nosotros y nos consideren locos.

> No hay nada dulce en un testimonio de que "el cielo gobierna". No me escucharán comparar la confesión valiente y confiada del gobierno del cielo con un final de cuento de hadas, al menos no todavía. Nunca sabemos en qué nos estamos metiendo cuando elegimos adorar a Dios en lugar de lo que nos resulta más natural.

Los tres hombres de la antigua Babilonia sabían muy bien que su lealtad inquebrantable a su Dios sería costosa. Sabían muy bien que podrían verse obligados a pagar el precio máximo de sus vidas. Y eso es exactamente lo que sucedió, al menos, casi.

El rey Nabucodonosor estalló nuevamente en ira por la devoción y el desafío de Sadrac, Mesac y Abed-nego, y ordenó que calentaran el horno siete veces más de lo habitual, sin dejar ninguna duda sobre lo que esas llamas les harían. Ni siquiera los soldados a los que se les había ordenado atarlos y arrojarlos al fuego sobrevivieron a la misión. Entre su urgencia por llevar a cabo la orden irracional del rey y el calor insoportable que generaba el horno, terminaron incinerados. Aun así, los tres hombres cayeron, atados con cuerdas, a su perdición.

Nosotros sabemos, porque hemos leído la historia, que salieron ilesos. Sabemos que Nabucodonosor, después de sentarse a verlos arder, "se espantó . . . y dijo a los de su consejo: ¿No echaron a tres varones atados dentro del fuego?" (Daniel 3:24).

"Es verdad, oh rey" (3:24), le respondieron.

Entonces Nabucodonosor señalo: "He aquí yo veo cuatro varones sueltos, que se pasean en medio del fuego sin sufrir ningún daño; y el aspecto del cuarto es semejante a hijo de los dioses" (3:25).

Cuando Sadrac, Mesac y Abed-nego salieron del horno, Nabucodonosor exclamó: "No hay dios que pueda librar como este" (3:29). Simplemente, estaba abrumado por el hecho de que este Dios había "[enviado] su ángel y [librado] a sus siervos que confiaron en él" (3:28). Y entonces emitió un decreto para que nadie en el reino volviera a molestar a los tres hombres nunca más.

La forma más sencilla de interpretar esta historia, la razón más obvia de por qué Nabucodonosor alaba *otra vez* al "Dios de ellos, de Sadrac, Mesac y Abed-nego" (3:28), es que acababa de ver a tres hombres, que habían sido arrojados al horno de fuego, salir sin ni un cabello de sus cabezas chamuscado y sin ni siquiera olor a humo en sus ropas sin quemar. Eso llamaría la atención incluso del observador más terco e insensible.

Sin embargo, realmente, creo que fueron los hechos de todo el día los que llevaron a ese resultado. Fue el atrevido valor de tres hombres, de entre una masa de miles, que se dieron cuenta de que ya no tenían el control de lo que les sucedería, pero sí de lo que iban a adorar, y que no renunciarían a eso bajo ninguna condición. No intentaron negociar un arreglo viable. No trataron de justificar el acto de inclinarse físicamente como una forma educada de complacer a sus anfitriones en tal acto, incluso aunque adoraran a Dios en silencio en sus corazones. No, esto era un asunto claro para ellos. Doblarían sus rodillas ante Dios, solo ante su Dios. En todo momento, en todo lugar.

Luego fue la forma en que le hablaron al rey: *No necesitamos reunirnos para discutir si su sentencia de muerte nos hará reconsiderar el asunto. Dios nos salvará o no lo hará, pero de cualquier manera Él es Dios. Punto final.* Su tono me recuerda a Job cuando respondió a las amonestaciones de sus consejeros después de encontrarse sumido en un sufrimiento indescriptible, sin que Dios pareciera dispuesto a ir a rescatarlo: "He aquí, aunque él me matare, en él esperaré" (Job 13:15). Si crees en un Dios que gobierna y resucita a los muertos, puedes darte el lujo de hablar de esa manera, aun cuando el hombre o la mujer que te escucha es el ser humano más poderoso que conoces.

Y finalmente, y más importante, fue el "cuarto" Hombre que se paseaba entre las llamas. Nabucodonosor pensó que estaba viendo a un ángel o a un "hijo de los dioses", pero en realidad ese varón era, sin duda, el "Hijo de Dios": Jesús mismo quien, cualquiera que sea nuestra situación, responde a nuestra fe y entra a nuestro horno de fuego, absorbe el juicio contra nosotros, ministra a nuestros corazones y camina *con nosotros* a través del fuego. (La mayoría de los comentaristas cree que la figura que caminaba en las llamas era una cristofanía, una aparición preencarnada de Cristo en la tierra).

Sadrac, Mesac y Abed-nego no tenían ninguna garantía de que escaparían de la conflagración que los acontecimientos del día habían creado para ellos. Nosotros tampoco, pero cualquiera que sea el resultado final, Jesús estará allí delante de nosotros, ya sea para rescatarnos o para llevarnos a la gloria con Él.

De cualquier manera, es un testimonio.

A veces, nuestro mayor testimonio de la realidad y el poder de Dios tiene lugar cuando sufrimos aflicción y pruebas, cuando otros ven que confiamos en Él y no nos dejamos vencer por las pruebas. Ese puede ser un testimonio más poderoso, que nunca haber sido arrojado al horno de fuego, al foso de los leones o a cualquier crisol moderno que pueda estar tratando de vencernos hoy.

Cuando adoramos y servimos solo a Dios; cuando nos negamos a inclinarnos ante reyes, poderes, ideologías y sistemas terrenales; cuando nos negamos a permitir que las interrupciones, los inconvenientes y las circunstancias no deseadas nos sepulten bajo la frustración y la autocompasión, preparamos el escenario. Abrimos la puerta para que brille el poder y la gloria de Dios.

Cuando adoramos y servimos solo a Dios; cuando nos negamos a inclinarnos ante reyes, poderes, ideologías y sistemas terrenales; cuando nos negamos a permitir que las interrupciones, los inconvenientes y las circunstancias no deseadas nos sepulten bajo la frustración y la autocompasión, preparamos el escenario. Abrimos la puerta para que brille el poder y la gloria de Dios. Cooperamos con Dios para alumbrar un camino a fin de que, incluso aquellos que lo han rechazado o marginado, puedan ver que Él verdaderamente es el camino, la verdad y la vida (Juan 14:6). Y la razón por la que lo ven en nosotros ("tu Dios", "nuestro Dios"; "el Dios de Sadrac, Mesac y Abed-nego") es porque lo vemos como nuestro Gobernante sobre todo lo que nos toca.

Muchas son las veces en los últimos años, que Robert y yo hemos orado antes de entrar a otro consultorio médico o a la habitación de un hospital: "Señor, que podamos caminar, responder, vivir y amar de tal manera que las personas te vean en nosotros". En cada situación, sin importar cuán estresante o difícil sea, queremos que las personas vean, conozcan y adoren al "Dios de Robert y Nancy".

Solo el cielo sabe cuán trascendental y transformador será el testimonio de aquellos que verdaderamente creen que el cielo gobierna.

CAPÍTULO CINCO

Con humildad

Cuán uniformemente parecidos han sido todos
los grandes tiranos y conquistadores; cuán
gloriosamente diferentes son los santos.

—**C. S. *Lewis***

EL REY NABUCODONOSOR había muerto después de un reinado de cuarenta años, y Babilonia se tambaleaba. Tras los pasos de Nabucodonosor, gobernó una larga sucesión de reyes, cada uno por un corto período de tiempo. Luego vino Belsasar, quien, en líneas generales, igualó a Nabucodonosor en su disposición.

Los dos eran muy parecidos. Tanto Nabucodonosor como Belsasar eran idólatras, tanto extravagantes como ostentosos, obsesionados con su propia riqueza y privilegios. Ambos gobernaron por la fuerza y el miedo, al eliminar a cualquiera que se interpusiera en su camino y recompensar a cualquiera que reforzara su ego o apoyara su régimen. Sin embargo, lo más notable es que ambos hombres tenían un alto (demasiado alto) concepto de sí mismos.

Son retratos de orgullo.

Y el orgullo, en cualquiera de sus formas, es un enemigo del gobierno del cielo, porque nos impide reconocer o incluso ver la verdad sobre nosotros mismos y sobre Dios.

Piensa en cómo el orgullo de los dos monarcas los cegó a algunos de los principios básicos que ya hemos observado:

- El orgullo les impedía ver que todo lo que poseían les había sido dado por Dios.
- El orgullo les impedía ver que Él era el poder supremo y soberano del mundo y que dependían de Él para su propio aliento y existencia.
- El orgullo les impedía ver que Aquel que los había levantado podía derribarlos con la misma facilidad, que Él controlaba no solo el alcance, sino también la duración de sus reinados individuales.

El orgullo también puede cegarnos a ti y a mí a estas importantes verdades y, lo que es más importante, impedir que vivamos en ellas. Esta es una invitación al desastre en más de un sentido. No solo nos priva del consuelo y el valor que estamos destinados a recibir al vivir bajo el gobierno del cielo. También nos prepara para una inevitable caída, porque el cielo gobierna, lo reconozcamos o no.

Dios no gobierna porque le hayamos dado permiso para hacerlo. Él gobierna simplemente por ser quien es. Se pueden debatir ciertos detalles, pero su soberanía no está sujeta a votación. Es un hecho, como la gravedad. Lo único a determinar no es cómo nos afectará, sino cómo ajustar nuestra vida a ella: ya sea con un orgullo ciego o con una humildad reveladora.

Y como cualquiera que haya tratado de desafiar la gravedad te dirá (o desearía estar todavía presente para decírtelo), la diferencia puede ser una cuestión de vida o muerte.

Ya hemos visto el orgullo de Nabucodonosor. Para otra lección de vida sobre el orgullo, echemos un vistazo a Daniel 5, que está centrado en un incidente en el reinado del rey Belsasar. De hecho, antes de seguir leyendo, ¿por qué no te tomas unos minutos para leer ese

capítulo por ti mismo? Mientras lo haces, toma nota de cualquier
expresión y consecuencia, que veas de orgullo y humildad.

UN ESTUDIO SOBRE EL ORGULLO

Al comienzo de Daniel 5, nos convertimos en huéspedes inesperados
de una lujosa fiesta celebrada en honor al rey Belsasar. Es la única
indicación de Babilonia bajo su reinado, que encontramos en las
Escrituras. El vino es abundante, su abundancia quizá sea un indi-
cativo de extravagancia y laxitud moral también. Lo más chocante
de todo, para nosotros, es la orden del rey ebrio de "que trajesen los
vasos de oro y de plata que Nabucodonosor su padre había traído del
templo de Jerusalén, para que bebiesen en ellos el rey y sus grandes,
sus mujeres y sus concubinas" (Daniel 5:2).

Para nosotros, que amamos la Palabra de Dios, es difícil de leer.
Aún más difícil de imaginar.

La confiscación de estos artículos de la casa de adoración judía
decía mucho a los babilonios, tanto cuando se había llevado a cabo
una generación antes como a lo largo de los años. Simbólicamente,
confirmaba el triunfo de sus dioses sobre el Dios de los hebreos.
Porque si el Dios de Israel gobernaba, como Daniel y otros afirmaban, ¿por qué muchos de sus objetos sagrados habían sido extraídos
de su templo por manos enemigas? ¿Por qué no pudo protegerlos?
¿Por qué ahora estaban almacenados en el palacio de Babilonia,
donde podían utilizarlos para brindar por el rey de Babilonia, así
como por el dios de Babilonia, Bel, que (según creían los babilonios)
había dado al rey su gran poder e incluso su nombre? (Belsasar significa "Bel salve al rey").

Sin embargo, recuerda este momento. Recuerda el momento de
orgullo, *todos* los momentos que hemos visto hasta ahora en Daniel:

- El sueño de Nabucodonosor sobre una "gran imagen"
  hecha de oro y otros metales (Daniel 2).

- La estatua de oro que Nabucodonosor construyó en honor a sí mismo, de treinta metros de altura y cubierta de oro (Daniel 3).
- El árbol alto en la visión nocturna de Nabucodonosor (Daniel 4).

Luego recuerda la caída de la primera imagen; recuerda la segunda estatua desmerecida por la liberación milagrosa del horno de fuego que Dios ejecutó; recuerda el árbol que fue cortado, y a Nabucodonosor, después de su gran caída, que finalmente recobró el sentido, alzó los ojos al cielo y dijo: "Ahora yo Nabucodonosor alabo, engrandezco y glorifico al Rey del cielo" (4:37).

Y ahora imagina esta escena en lo que resultó ser la última noche del reinado del sucesor de Nabucodonosor: el brillo del oro cuando los siervos de Belsasar abren los armarios donde se guardaban los utensilios del templo de Jerusalén. El chapoteo del vino en copas, que alguna vez habían contenido agua pura para el servicio del Dios viviente y en cumplimiento de sus ordenanzas. El tintineo de los vasos sagrados, que chocaban entre sí con depravado desprecio por su propósito original, se elevaba sobre el jolgorio de risas licenciosas y el canto ronco de hombres grandes.

Visualiza ese momento, cuando el orgullo humano parecía haber triunfado y cuando Dios y todo lo que es santo y bueno parecían haber sido derrotados. Porque esos momentos todavía están sucediendo hoy.

Un investigador de nuestro equipo ministerial me envía un resumen semanal de enlaces a artículos sobre diversos acontecimientos actuales, asuntos culturales y tendencias en nuestro mundo. Cada edición destaca decenas de esos momentos. Sentencias judiciales, decisiones de juntas escolares y legislaciones nuevas, que van en contra de la verdad y la justicia. Funcionarios electos, celebridades y, con demasiada frecuencia, pastores y líderes cristianos, que aparecen en los titulares haciendo alarde de la maldad en desobediencia a la ley de Dios. Regímenes represivos, que buscan coartar la libertad de los seguidores de Cristo y eliminar el testimonio del evangelio en la plaza pública.

Marchas de orgullo. En todas partes.

Sin embargo, "el cielo gobierna". Sobre todo.

Dios no está perdiendo en nada. El orgullo, que parece estar ganando, solo espera la fecha de su destrucción.

Y en Daniel 5, Dios escribió esta verdad con su propia letra.

A medida que la atmósfera de la fiesta se inflaba hasta su punto más alto, de repente, "en aquella misma hora", los gritos alocados de la glotona celebración se convirtieron en alaridos de terror sagrado. Todas las cabezas se volvieron cuando "aparecieron los dedos de una mano de hombre, que escribía delante del candelero sobre lo encalado de la pared del palacio real, y el rey veía la mano que escribía" (5:5).

Incluso el orgulloso Belsasar se asustó. "Entonces el rey palideció, y sus pensamientos lo turbaron, y se debilitaron sus lomos, y sus rodillas daban la una contra la otra" (5:6). Este hombre, que consideraba su poder incuestionable y a sí mismo inmune a cualquier ataque, ahora se encontraba temblando ante un Poder tan superior, que podía demoler todo orgullo humano, incluso el de los potentados más presuntuosos de la tierra.

Sin embargo, el orgullo humano no se vence fácilmente. Y Belsasar no tembló por mucho tiempo. Pronto este orgulloso rey estaba dando órdenes y llamando a gritos a sus adivinos y consejeros. Acostumbrado a comprar la lealtad de sus súbditos, con arrogancia comenzó a ofrecer premios a cualquiera que pudiera descifrar lo que sucedía en la habitación y lo que posiblemente significaban las extrañas palabras escritas en la pared (5:7).

Belsasar se negó a renunciar a su orgullo incluso en presencia de la mano poderosa de Dios, pero el orgullo sería su muerte. Y el orgullo, si no se trata, será la muerte de nosotros también. Siempre es una propuesta perdedora. El orgullo solo conduce a la pérdida de esas cosas que, de alguna manera, creemos controlar al aferrarnos a ellas con tanta fuerza. Energía. Seguridad. Persuasión. Manipulación.

Entonces, ¿por qué nos aferramos a nuestro orgullo? Porque el orgullo, a pesar de su costo, es un pretendiente decidido e irresistible. Tanto atractivo como engañoso, nos mantiene convencidos de que no podemos vivir sin él. Tal vez si el único lado que nos mostrara fuera tan malo como la descarada presunción de Belsasar, no seríamos tan susceptibles a él. Sin embargo, el orgullo puede disfrazarse de formas que son menos ofensivas y más sutiles, pero nada menos que en el intento de torcer el brazo al gobierno del cielo.

Piensa en esto. Ser superorganizado, sobresalir en la escuela o en los deportes, trabajar más horas que el resto de nuestros colegas, mantener una casa impecable, estar al día con nuestros correos electrónicos, nunca llegar tarde a una cita: cualquiera de estas cualidades podría nacer del amor genuino por Dios y el prójimo . . . o podría revelar un impulso subyacente de controlar o de despertar la admiración de otros. Así también podría serlo codiciar y ganarse el reconocimiento como un líder de la iglesia o un importante productor, insistir en que nuestra opinión en un asunto controvertido es "correcta" y descartar a los que no opinan igual, y ser demasiado competitivo en los deportes o los negocios.

El orgullo solo conduce a la pérdida de esas cosas que, de alguna manera, creemos controlar.

O piensa en lo que denominamos baja autoestima, algo que a primera vista podría parecer justo lo contrario del orgullo. Sin embargo, ¿podría ser a veces esta baja autoestima una forma de desagrado latente por la manera en que nuestro Creador nos diseñó y la intención de mostrar su gloria a través de nosotros? En lugar de escuchar lo que Él dice acerca de nosotros, escuchamos las voces que alimentan nuestros sentimientos, las mentiras enfermizas que rebajan nuestra valía y nos apagan el gozo. Validamos esos sentimientos por el dolor y el rechazo que pueden haberlos alimentado. Esperamos aislar nuestro corazón herido para evitar más daño; pero ¿no vemos el matiz de orgullo que tiñe nuestra baja opinión de nosotros mismos, como si nos conociéramos mejor que nuestro amoroso Creador? ¿Podría este desprecio de nosotros mismos ser, en el fondo, una incredulidad causada por nuestra desilusión y desencanto con el gobierno del cielo?

¿Y la ansiedad? ¿No buscamos a veces la sensación de control que nos proporciona sobre nuestras circunstancias? ¿Sobre nuestros miedos? ¿Sobre nuestra preocupación por el bienestar de nuestros seres queridos? Sin embargo, cuando estamos enfrascados en nuestras preocupaciones, a menudo las colocamos por encima de cualquier cosa. Incluso sobre el gobierno del cielo.

Robert y yo recordamos la tenacidad de esta tentación cuando recibimos un mensaje de texto de una querida amiga nonagenaria. Perdió a su esposo por COVID hace aproximadamente un año, ha luchado contra los efectos residuales del COVID y, hace muy poco, le diagnosticaron cáncer de mama. Su nota detallaba algunas de las dificultades que había estado enfrentado, problemas que se acumulaban uno encima del otro sin un final a la vista. La batalla la había agotado y le había causado fatiga y falta de ánimo, decía, especialmente mientras intentaba pasar la temporada navideña y extrañaba a su esposo con el que había estado casada setenta años.

Sin embargo, escribió: "Finalmente me siento mejor. Creo que la ansiedad estaba minando mi fortaleza. Una cosa es *decir* que las cosas están en las manos de Dios y otra cosa es pensar que tienes que ayudarlo a llevarlas".

¡Cuán atraídos nos sentimos a pensar que podemos manejar nuestras propias vidas y llevar nuestras propias cargas! ¡Cuán engañosamente cruel es esta táctica de nuestro enemigo; tan seductora y, sin embargo, tan peligrosa! No importa en qué etapa de la vida nos encontremos, el orgullo puede robarnos la paz y sabotear nuestra confianza en el Gobernante del cielo, escondido detrás de la preocupación natural por nuestro propio bienestar y el instinto protector que sentimos hacia nuestra familia y amistades.

Puede que no seamos orgullosos como Belsasar, pero el orgullo también puede alejarnos de la verdad por otros medios, por otros bandidos. Que la escritura en *nuestra* pared diga en tinta indeleble "el cielo gobierna", sin ninguna de nuestras propias demandas de gobierno garabateadas por encima.

UN ESTUDIO SOBRE LA HUMILDAD

Primero vimos a Daniel como un exiliado adolescente, que se aferraba valientemente a sus convicciones en la corte del rey. En Daniel 2, lo vimos responder con calma a las amenazas de Nabucodonosor después que nadie pudiera interpretar los sueños desconcertantes del rey. En Daniel 4, lo vimos arriesgarse nuevamente al descontento del rey al interpretar ese inquietante sueño. Sin embargo, aunque Daniel demostró ser capaz y fiel en todos los puestos que ocupó en Babilonia, hábil para impartir la sabiduría y la verdad de Dios a quienes lo necesitaban, parece que pasó varios años marginado: nadie quería escuchar sus palabras, nadie buscaba su consejo. Cuando llegamos a Daniel 5, probablemente ya tenía más de setenta años, servía a otra administración impía bajo otro rey orgulloso y estaba relegado a la irrelevancia.

Sin embargo, cuando los "sabios" convocados con premura (Daniel 5:7) en la corte de Belsasar no lograron encontrar una sola pista que descifrara las palabras escritas por la mano misteriosa en la pared de Belsasar, alguien recordó haber escuchado historias del pasado sobre un hombre llamado Daniel.

En tu reino hay un hombre en el cual mora el espíritu de
los dioses santos, y en los días de tu padre se halló en él luz

e inteligencia y sabiduría, como sabiduría de los dioses . . .
por cuanto fue hallado en él mayor espíritu y ciencia y
entendimiento, para interpretar sueños y descifrar enigmas
y resolver dudas . . . Llámese, pues, ahora a Daniel, y él te
dará la interpretación (5:11-12).

Márcalo: "el cielo gobierna". A estas alturas, parecía que el
tiempo y la influencia habían pasado por alto a Daniel. Las personas, que una vez lo conocieron y valoraban sus dones y conocimiento, habían muerto hace mucho tiempo o ya no estaban en el
liderazgo. Era una reliquia de una época anterior, un vago recuerdo
de un pasado lejano. Y, sin embargo, no había indicios de amar-
gura, competencia o hipersensibilidad en Daniel. Y seguía listo para
servir al rey, porque había mantenido su humildad al servicio de su
verdadero Rey.

Ahora bien, si Daniel tenía orgullo o no, se vería en la respuesta
que elegiría cuando los mensajeros llegaran con el llamado urgente
de Belsasar.

Podía negarse, ofendido porque se habían olvidado de su contribución en el pasado. *Eso es orgullo.*

Podía ir con ellos según lo ordenado, pero tratar de aprovechar la
situación para su propio beneficio. *Eso también es orgullo.* Después
de todo, los tenía en sus manos. Si necesitaban tanto su consejo, y
nadie más podía darles las respuestas que buscaban, era de esperar
que lo compensaran y pagaran el precio que les exigiera.

O simplemente podía ser Daniel y acudir al llamado, con la
confianza de que Dios estaba obrando en la situación. Y esa, por
supuesto, fue la elección de Daniel.

¡Esa es la sencillez de la humildad! Cuando aceptamos que el
cielo gobierna, nos limitamos a seguir hacia donde Dios nos lleva.
No de mala gana. No de forma oportunista. Ni con irritabilidad o
miedo. Simplemente, con toda confianza.

Con humildad.

Es algo hermoso de ver.

"Entonces Daniel fue traído delante del rey", señalan las Escrituras. Y Belsasar, un poco más recompuesto y con su característica habitual, le dijo: "¿Eres tú aquel Daniel de los hijos de la cautividad de Judá, que mi padre trajo de Judea?" (5:13).

"De la cautividad de Judá". Me parece escuchar una nota de arrogancia, una expresión de desdeño en esta referencia racial. Y esto también era una oportunidad para que el orgullo se asomara en el visor óptico de Daniel: el orgullo ciego de las emociones agitadas, los ajustes de cuenta y el registro de ofensas.

En cambio, Daniel mantuvo la cabeza despejada, su espíritu vigilante, mientras Belsasar daba un monólogo lleno de adulación y soborno en partes iguales: como el rey que era, de la forma en que normalmente hacía las cosas en su reino. Entonces, le dijo: "Si ahora puedes leer esta escritura y darme su interpretación, serás vestido de púrpura, y un collar de oro llevarás en tu cuello, y serás el tercer señor en el reino" (5:16).

> Con humildad es como nos apropiamos de todas las bendiciones y beneficios directos del gobierno del cielo. Es la puerta que Dios usa para prodigarnos, mucho más allá de nuestro entendimiento, las dádivas de su consuelo y valor.

La presión era tentadora. ¿Lo era?

No cuando hay humildad. Porque la humildad de Daniel, su clara comprensión de quién era él y lo que su Dios podía hacer, le permitía tener plena confianza.

Con humildad es como nos apropiamos de todas las bendiciones y beneficios directos del gobierno del cielo. Es la puerta que Dios usa para prodigarnos, mucho más allá de nuestro entendimiento, las dádivas de su consuelo y valor.

Creo que eso es parte de lo que Jesús estaba diciendo cuando advirtió a sus seguidores del primer siglo sobre los sucesos que algún día se convertirían en una experiencia habitual. "Seréis llevados ante reyes y ante gobernadores por causa de mi nombre", les dijo (Lucas 21:12). Se encontrarían en lugares donde una persona, que desea tener el control, se sentirá perdida; lugares donde aquellos, cuyo orgullo se alimenta de la aprobación, querrán decir lo que sea que los haga quedar bien. Sin embargo, "proponed en vuestros corazones no pensar antes cómo habéis de responder en vuestra defensa" fue la instrucción de Jesús para ellos y para nosotros, "porque yo os daré palabra y sabiduría, la cual no podrán resistir ni contradecir todos los que se opongan" (vv. 14-15).

Lo que Jesús estaba describiendo es un momento cuando "el cielo gobierna" así como un momento de humildad: no tener ni una buena ni una mala opinión de nosotros mismos; sino simplemente no pensar en nosotros mismos, en cambio, pensar solo en cómo Dios gobierna sobre nosotros y sobre cada situación que nos acontece. Cuán liberador y estimulante es este perpetuo camino de fe **CG**.

Esto es lo que vemos en Daniel, y lo que podemos esperar ver en nosotros mismos al hacer morir el orgullo, que busca mantenernos en el trono y nublar nuestro corazón y nuestra mente a la realidad del gobierno del cielo.

Escúchalo en su respuesta al rey Belsasar: "Tus dones sean para ti, y da tus recompensas a otros". *No estoy aquí por el dinero o para hacerme un nombre.* "Leeré la escritura al rey, y le daré la interpretación" (5:17).

Daniel pudo servir a su rey terrenal sin motivos orgullosos, porque servía a su Rey celestial con un corazón humilde. ¿Qué podía darle Belsasar que necesitaba o que no poseía ya? No puedes tener mejor posición que la de siervo del Dios Altísimo. Entonces, ¿qué podía perder Daniel al ser valientemente leal al Gobernante del cielo en ese difícil momento? Era libre de decir la verdad ante una persona en el poder sin buscar ventajas personales ni temer a la pública recriminación.

Completamente humilde, porque el cielo gobierna.

Sin embargo, ¿qué pasa con el orgulloso rey de Babilonia? Lee la escritura en la pared (o la interpretación de Daniel):

- "Contó Dios tu reino, y le ha puesto fin" (5:26).
- "Pesado has sido en balanza, y fuiste hallado falto" (5:27).
- "Tu reino ha sido roto, y dado a los medos y persas" (5:28).

¿Por qué estaba pasando todo esto? Porque "*tú . . . Belsasar*, no has humillado tu corazón . . . sino que contra el Señor del cielo te has ensoberbecido".

> E hiciste traer delante de ti los vasos de su casa, y tú y tus grandes, tus mujeres y tus concubinas, bebisteis vino en ellos; además de esto, diste alabanza a dioses de plata y oro, de bronce, de hierro, de madera y de piedra, que ni ven, ni oyen, ni saben; y al Dios en cuya mano está tu vida, y cuyos son todos tus caminos, nunca honraste [*¡el cielo gobierna!*] Entonces de su presencia fue enviada la mano que trazó esta escritura (5:22-24).

Humildad y orgullo. Son la luz y la oscuridad, la vida y la muerte. Por eso debemos elegir bien y no dejarnos gobernar por nosotros mismos —*nunca* por nosotros mismos—; sino por Aquel "en cuya mano está [nuestra] vida", Aquel sin el cual no podríamos sobrevivir los próximos cinco segundos.

Esta es una verdad que mata el orgullo para aquellos que realmente quieren vivir.

Una verdad que conduce a la humildad a aquellos que realmente quieren aprender.

Y una verdad que da vida a aquellos que realmente quieren ser libres.

Ahora bien, ¿y si elegimos mal? Ya hemos visto que el orgullo puede cegarnos a la verdad. Entonces, ¿qué sucede cuando finalmente abrimos los ojos y nos damos cuenta de que hemos permitido que nuestro orgullo nos mantenga cautivos y nos lleve a la destrucción? Gracias a la misericordia de Dios, el arrepentimiento sigue siendo la mejor elección que podemos hacer.

UN ESTUDIO SOBRE LA MISERICORDIA

Para que conozcan los vivientes que el Altísimo gobierna el reino de los hombres (Daniel 4:17).

Esto es lo que el ángel le dijo al orgulloso rey Nabucodonosor en su segundo sueño, el que Daniel interpretó como una predicción de la humillante caída del rey. Como hemos visto, el sueño se hizo realidad y el rey fue destituido, pero como resultado, finalmente, reconoció el gobierno del cielo.

Si Nabucodonosor fue sincero, terminó exactamente en el lugar donde Dios quiere que todos estemos. Alineados con la verdad de su gobierno. Confiando en sus caminos y su sabiduría. Actuando con valentía y fe dondequiera que Él nos envíe. Consolados y animados mientras la mano de Dios nos guía y nos sostiene.

Aquí está nuestra seguridad. Aquí está nuestro beneficio. Aquí está nuestra oportunidad de seguir su voluntad, de hallar contentamiento y de ser libres del sentimiento de que tenemos que cargar el peso del mundo, con la confianza de que nuestro Padre bueno y generoso es responsable de todas aquellas cosas de las que erróneamente hemos pensado que *nosotros* éramos responsables.

Esto es vivir. Esto es bendición. Esto es gracia.

Entonces, ¿irás allí con Él? ¿Emprenderás este viaje con Él? Mejor aún, si el orgullo ha estado nublando tu confianza y disposición a creer en la bondad de Dios y en el lugar al que Él quiere que vayas con Él, ¿abrirás los ojos para ver?

Hay misericordia para eso. La misericordia de Dios. El poder del arrepentimiento. La promesa de cambio.

Es humillante, sí, en el buen sentido, el de aligerar peso, de llevar una carga diez kilos más ligera. Y, sin embargo, la humildad también es una elección difícil para nosotros los humanos, y Dios lo sabe. Él nos hizo y nos comprende. Él sabe con qué fuerza nos aferramos a las cosas que nos dan seguridad. Él conoce nuestra reticencia a soltar. Él sabe lo difícil que es para nosotros confiar en que Él dirige nuestra vida. Y Él sabe que la razón por la que construimos tales fortalezas de orgullo a nuestro alrededor, por lo general, es para enmascarar nuestros miedos e inseguridades ocultos.

Entonces, Dios es paciente. Está dispuesto a hacer de esto un proceso. Si el lugar al que vamos es la humildad, Él caminará con nosotros. Incluso nos pondrá en las condiciones adecuadas para guiarnos hacia allí, hacia una mentalidad correcta. Hacia una perspectiva correcta de nosotros mismos. De acuerdo con la realidad. En paz.

Dios fue misericordioso incluso con Belsasar. Sé que su muerte puede parecer repentina y abrupta, y en cierto sentido lo fue. Sin embargo, si escuchamos atentamente el mensaje, que Dios le dio a través de Daniel, vemos la misericordia divina. Vemos paciencia. Vemos que Belsasar tuvo muchas oportunidades de aprender la humildad. Solo que optó por ignorarlas.

Sorprendentemente, esas oportunidades llegaron a través del insólito ejemplo de su predecesor, el rey Nabucodonosor.

¿Recuerdas cómo era Nabucodonosor? ¿Recuerdas que ordenó la ejecución de todos sus consejeros? ¿Recuerdas que luego ordenó la ejecución de Sadrac, Mesac y Abed-nego?

¿Recuerdas que ordenó que calentaran el horno de fuego siete veces más de lo habitual para que fuera imposible que alguien sobreviviera a la orden enardecida de un gobernante tan poderoso?

Belsasar, sin duda, recordaba o había escuchado las historias del notorio orgullo de Nabucodonosor. En caso de que lo hubiera olvidado, Daniel le refrescó la memoria:

Y por la grandeza que le dio, todos los pueblos, naciones y lenguas temblaban y temían delante de él. A quien quería mataba, y a quien quería daba vida; engrandecía a quien quería, y a quien quería humillaba (Daniel 5:19).

¿No es así, Belsasar? ¿Lo recuerdas? ¿No es así como lo recuerdas? Seguramente, el rey recordó haber escuchado la historia del sueño de Nabucodonosor: el imponente árbol que fue cortado, del que solo quedó el tronco. *¿No es eso lo que pasó, Belsasar? ¿Recuerdas?*

El Señor (nuevamente en su misericordia y paciencia) le había dado tiempo a Nabucodonosor para cambiar, para reorientar su corazón y su vida hacia el gobierno del cielo. De hecho, Dios había esperado un año completo después de dar la interpretación de ese sueño antes de llevar a cabo su disciplina contra el orgulloso rey. No fue hasta doce meses después, mientras Nabucodonosor disfrutaba de la vista de su ciudad desde la azotea de su suntuoso palacio, perdido en sus pensamientos grandiosos sobre sí mismo y sus éxitos, que Dios se dispuso a humillarlo.

¿Recuerdas lo que dijo Nabucodonosor? ¿Ves el mensaje de su orgulloso "ego" en sus palabras?

¿No es esta la gran Babilonia que *yo edifiqué* para casa real con la fuerza de *mi poder*, y para gloria de *mi majestad*? (4:30).

¿Recuerdas, Belsasar?

Mas cuando su [Nabucodonosor] corazón se ensoberbeció, y su espíritu se endureció en su orgullo, fue depuesto del trono de su reino, y despojado de su gloria. Y fue echado de entre los hijos de los hombres, y su mente se hizo semejante a la de las bestias, y con los asnos monteses fue su morada. Hierba le hicieron comer como a buey, y su cuerpo fue mojado con el rocío del cielo, hasta . . . (5:20-21).

¿Hasta qué, Belsasar?

. . . que reconoció que el Altísimo Dios tiene dominio sobre el reino de los hombres, y que pone sobre él al que le place (5:21).

¿No es así, Belsasar? ¿Recuerdas? Sin embargo, "no has humillado tu corazón, sabiendo todo esto" (5:22).

La historia de Nabucodonosor ha sido destinada a ser una lección de misericordia; una advertencia a aquellos que ocuparían el trono en los años venideros. Por eso la caída de Belsasar, que se produjo antes que terminara el día —"La misma noche fue muerto Belsasar" (5:30)—, no fue un juicio cruel, sino el resultado de la misericordia que él rechazó.

Y aquí estamos hoy, ya sea en algún lugar en el proceso de humillarnos ante el gobierno y Gobernante del cielo o resistiéndonos a Él, alejándonos de Él, temerosos de abandonar nuestro querido orgullo.

Se nos ha mostrado el camino. Se nos han dado promesas. Hemos estado expuestos a una miríada de ejemplos de personas que cayeron por su orgullo. Como leemos en Salmos 91:7, hemos visto caer "a [nuestro] lado mil, y diez mil a [nuestra] diestra" cada uno engañado por el mismo patrón pecaminoso de adorarse a sí mismo, exaltar sus propios deseos y negarse orgullosamente a vivir bajo el gobierno de cualquier otro.

Sin embargo . . .

. . . el que habita al abrigo del Altísimo morará bajo la sombra del Omnipotente (Salmos 91:1).

Y Él, el Dios Altísimo, nos está llamando por su misericordia a ir y vivir allí, humillados bajo su gloria, pero enaltecidos por nuestra unión con Él en la verdadera grandeza.

¿Experimentó realmente Nabucodonosor un cambio y arrepentimiento genuinos? No lo sabemos con certeza. Lo último que supimos de él es que al menos decía las palabras correctas, honraba al Altísimo y se veía a sí mismo a una luz más verdadera:

> Todos los habitantes de la tierra son considerados como nada; y él hace según su voluntad en el ejército del cielo, y en los habitantes de la tierra, y no hay quien detenga su mano, y le diga: ¿Qué haces? (Daniel 4:35).

> Ahora yo Nabucodonosor alabo, engrandezco y glorifico al Rey del cielo, porque todas sus obras son verdaderas, y sus caminos justos; y él puede humillar a los que andan con soberbia (4:37).

Sí, lo creas o no, esas son palabras del rey Nabucodonosor. Y tal vez es así como Nabucodonosor vivió realmente los años restantes de su vida. Eso espero. Sabemos que el Señor lo restableció en su reino y le dio aún "mayor grandeza" de la que había tenido anteriormente (4:36). Y sabemos que Dios le dio tiempo y misericordia para arrepentirse, así como pacientemente nos da tiempo y misericordia, no para derribarnos, sino para levantarnos.

> Porque el que se enaltece será humillado, y el que se humilla será enaltecido (Mateo 23:12).

> Humillaos, pues, bajo la poderosa mano de Dios, para que él os exalte cuando fuere tiempo (1 Pedro 5:6).

¿Y si no lo hacemos? ¿Qué pasa si no nos humillamos bajo la mano de Dios? ¿Qué pasa si nos aferramos a nuestros pensamientos y caminos orgullosos? Esa última frase del discurso de Nabucodonosor, después que abandonó su orgullo y fue restaurado de sus años de locura, nunca deja de hablarme al corazón:

Él puede humillar a los que andan con soberbia (Daniel 4:37).

Es espantoso oponerse al gobierno del cielo. Puede parecer que los que lo hacen prevalecen, por un tiempo; pero al final, pues bien, el cielo gobierna.

Tú y yo necesitamos este recordatorio. Lo necesitamos para nosotros cuando vivimos con orgullo iluso e impenitente. Dios puede humillarnos. Y lo hará, si nos negamos a humillarnos.

También necesitamos este recordatorio cuando vemos a otros vivir con orgullo impenitente, ya sean líderes, personas influyentes y celebridades, que vemos en las noticias, o personas con las que convivimos y trabajamos todos los días. Dios también puede humillar a estas personas, y lo hará, si se niegan a humillarse.

> $\wedge$
> Dios puede humillarnos.
> Y lo hará, si nos negamos
> a humillarnos.
> $\vee$

Sin embargo, debemos tener en cuenta que humillar a los demás es tarea de Dios, no de nosotros. Porque nuestro propio orgullo puede hacer que señalemos la maldad de los demás mientras estamos ciegos a la maldad de nuestros propios corazones.

Seré sincera: hay un Nabucodonosor en mi corazón. Es probable que también lo haya en el tuyo. El *orgulloso* Nabucodonosor.

"Mi poder".

"Mi gloria".

"Mis caminos".

"Mis decisiones".

"Mis ideas".

"Mi control".

"Mi esfuerzo".

"Mi opinión".

Cuán agradecida estoy de que haya misericordia para ayudarnos a dejar estas cosas, a alzar nuestros ojos y ver el tipo de vida que podríamos tener si elegimos la salud de la humildad sobre la enfermedad del orgullo. Para ayudarnos a rendir nuestro impulso de gobernar nuestras propias vidas (y la vida de los demás) y aceptar con humildad el gobierno del cielo.

CAPÍTULO SEIS

¡Levanta tu mirada!

Dios conoce su plan, e incluso cuando nos revela
su plan, espera que oremos por ese plan.

—David Jeremiah

COMO SARGENTO RETIRADO del Cuerpo de Marines de Estados Unidos, que había servido en combate durante la Operación Tormenta del Desierto, Joe Kennedy tenía mucho que ofrecer al equipo de fútbol americano de la escuela secundaria para el que fue contratado como entrenador en 2008: disciplina, tenacidad, cumplimiento del deber, una actitud inquebrantable. Aún hoy continúa enseñando esas cosas.

Solo que no como entrenador de fútbol.

Eso se debe a que antes de ponerse un silbato alrededor del cuello, Joe hizo un compromiso. Inspirado por una película de fe cristiana, que había visto antes de su primera temporada en el banco (*Desafío a los gigantes*, de los cineastas cristianos Alex y Stephen Kendrick), le prometió a Dios que después de cada juego, sin importar el resultado, le expresaría su agradecimiento con una oración antes de salir del campo. Sería su simple testimonio de lo que más le importaba, de lo que más importa en la vida. Un simple reconocimiento de que la oportunidad de entrenar a jóvenes era una bendición del Dios del cielo, de quien fluyen todas las bendiciones.

A lo largo de siete temporadas, al final de cada competencia, el entrenador Kennedy caminaba solo hasta la línea de cuarenta y seis metros, se arrodillaba y, durante no más de quince segundos, inclinaba la cabeza en una simple oración.

A lo largo de los años, un pequeño grupo de sus jugadores (a menudo también algunos de los jugadores del equipo contrario) se unían voluntariamente a Joe en ese breve momento. De hecho, un cumplido que le hizo un administrador de otra escuela fue lo que primero llamó la atención de la administración de su propia escuela sobre el discreto ritual de oración posterior a los juegos del entrenador Kennedy. Le advirtieron que debía detener o modificar esa práctica, porque, según ellos, violaba las normas de la iglesia y el estado. No dispuesto a cumplir con esa orden, finalmente recibió un ultimátum. O bien oraba donde nadie pudiera verlo o debía buscarse otro trabajo.

El próximo viernes por la noche, después de la finalización de su juego, el entrenador Kennedy hizo su caminata habitual hasta el centro del campo de juego e hizo su oración habitual. El viernes siguiente por la noche, había sido relevado de sus funciones como entrenador.

Así que Daniel vive. Todavía podría suceder. El veredicto podría llegar y los leones podrían esperar; pero no importa cuántos consejos escolares, jueces y tribunales de apelaciones continúen emitiendo sus infames fallos, hay un Gobernante del cielo que los supera en rango. Uno que nos supera a todos.

El Dios de Daniel todavía preside.

Y el pueblo de Dios todavía ora.

ORACIÓN INCONTENIBLE

Si la oración es una lucha para ti, como lo es para mí, probablemente te hayas preguntado: ¿Por qué la oración constante es un esfuerzo tan grande? ¿Por qué mis oraciones son tan tibias y forzadas? ¿Por qué rara vez parecen dar resultado? ¿Por qué hay tan poca pasión y poder detrás de ellas, a diferencia de lo que parecen a menudo las oraciones de otras personas?

No hay una clave única que nos haga pasar de oraciones inconsistentes a oraciones incontenibles. Sin embargo, esto es lo que he encontrado, y estoy encontrando, mientras me esfuerzo por mantener mi atención en el gobierno del cielo cuando se cruza con mi día. Si en el fondo creo que gobiernan las personas y los poderes terrenales (gobiernos, críticos, dirigentes, tendencias sociales), si creo que son los que tienen más peso e influencia sobre mi vida y el mundo, dedicaré la mayor parte de mis pensamientos y mi energía en ellos: cómo cambiar de opinión, cómo contraatacar, cómo defender mis acciones, cómo agradar a la gente. Querré impresionar a aquellos que puedan hacer algo por mí. Me preocuparé por los que están molestos conmigo. Querré huir de situaciones que son intrincadas, confusas y complicadas. Querré ir a resolver un crucigrama o ver Netflix o algo, lo que sea, para calmar la angustia de mi alma.

Sin embargo, si realmente creo que el cielo gobierna . . .

Ayúdame a terminar esa oración. Escribe este párrafo conmigo. Adáptalo a los detalles de tu propia vida y a tu propia sensación de sufrir el bombardeo de personas que, tal vez en este momento, te estén exigiendo (ya sea justa o injustamente), o se estén aprovechando de tu amabilidad y generosidad, o estén insistiendo en que aceptes su versión de la realidad, o estén decidiendo si concederte una beca o aceptar tu oferta por su casa. Si esas personas gobiernan, será mejor que inviertas cada gramo de ti mismo para ganártelos o quitártelos de encima, según corresponda a cada persona.

Sin embargo, debido a que el cielo gobierna, la respuesta apropiada siempre es orar. Hablar con Aquel que gobierna. Pedirle lo que crees que es correcto y recibir de Él lo que Él sabe que es mejor. Poner tu vida en sus manos y confiar en que no puedes estar en un lugar más seguro y encontrar un sustento más confiable. En la oración podemos saber que hemos sido escuchados, y podemos experimentar la calma y el valor que nos sostienen y estabilizan cuando todos los demás recursos no han hecho más que agotarnos.

Sí, cuando entendemos que el cielo gobierna, incluso nuestra vida de oración cambia.

O, como en el caso de Daniel, se niega a cambiar.

¿Tienes tu Biblia abierta? En este capítulo vamos a ver tres escenas de la vida de oración de Daniel. Para sentar las bases, lee Daniel 2:17-19, 6:1-10 y 9:1-23. ¿Cómo describirías las oraciones de Daniel? ¿Qué relación ves en estos pasajes entre la convicción de que el cielo gobierna y las oraciones del pueblo de Dios?

EL HÁBITO DE ORAR

La muerte de Belsasar de la noche a la mañana no solo significó un nuevo rey en el trono, sino también una nueva estructura de poder. No solo Belsasar cayó; Babilonia cayó. El sueño de Nabucodonosor sobre la estatua de varios niveles, con él y su imperio como la "cabeza de oro" desplazado por la "plata", debido al surgimiento de otro cuerpo geopolítico, se estaba desarrollando en tiempo real en el escenario mundial. La Biblia señala que "la misma noche fue muerto Belsasar rey de los caldeos . . . Darío de Media tomó el reino, siendo de sesenta y dos años" (Daniel 5:30-31).

Nuevo *sheriff* en la ciudad. Una nueva superpotencia en la cima.

Entonces, puedes imaginarte de qué hablaba la gente en la calle, qué estaba en la mente de la mayoría de las personas y ocupaba un lugar central en la mayoría de sus conversaciones. No es diferente de lo que sucede cuando una nueva administración asume Washington o cuando compran la empresa para la que trabajas y se incorpora un nuevo equipo de gerentes. Todos se preguntan cómo será este nuevo tiempo, cómo cambiarán las cosas el nuevo régimen y cómo los afectará personalmente el cambio.

Sin embargo, esto no parece ser hacia donde se dirigía el tren de pensamiento de Daniel. Mientras la atención de todos los demás se dirigía hacia el nuevo rey, Darío, los ojos de Daniel estaban fijos en el Rey que gobernaba desde el cielo. Eso es lo que más le importaba.

No digo que no estuviera interesado en las noticias o en mantenerse al tanto de cómo soplaban los vientos imperiales. Sin duda, sabía que Darío el medo, como los reyes de Babilonia antes que él, adoptaba una pose intimidante; sin duda alguna, dominante y controlador. Conforme a la ley de Media y de Persia, el rey era infalible. Sus decretos reales no podían revocarse por ningún acto o movimiento del pueblo, ni siquiera por el propio rey. Por lo tanto, correspondía a todos estar al tanto de sus declaraciones y acciones, y seguir de cerca cada día la versión de la prensa de Persia.

> $\wedge$
>
> **Tu vida de oración revelará lo que realmente crees.**
>
> $\vee$

Sin embargo, el método principal de Daniel para mantenerse al día de lo que realmente importaba en el mundo era una práctica de la que el mundo sabe poco y entiende aún menos. Se nos dice que tres veces al día, con la regularidad de un reloj, iba a su casa (si es que no estaba allí ya), subía a una habitación de la planta alta donde las ventanas abiertas daban hacia Jerusalén, se arrodillaba y oraba.

Ahora bien, no puedes seguir así toda la vida, como lo hizo Daniel, mucho menos durante una semana, un mes o un año, a menos que estés convencido de que el cielo gobierna. Y no puedes orar así si no crees que el gobierno del cielo es el verdadero determinante de lo que te sucede y cómo afecta tu vida aquí en la tierra y, más importante, para la eternidad. Puedes testificar todo lo que quieras, pero tu vida de oración revelará lo que realmente crees.

Y la vida de oración de Daniel hacía precisamente eso. Lo hemos visto todo el tiempo. Piensa en esas tensas horas en Daniel 2, después que se enviara la citación que ordenaba la ejecución en masa de todos los hombres responsables de asesorar a Nabucodonosor. El rey había tenido un sueño perturbador; no podía recordarlo; exigió que su equipo de sabios lo recordara por él. Y cuando no pudieron (porque ¿quién podría?), Daniel se encontró en un aprieto por causas ajenas a él.

Evidentemente, ese era un momento para actuar. Para la mayoría de las personas, eso habría significado un momento de lucha, ya sea para intentar una resistencia armada o, simplemente, huir a las colinas. En cambio, Daniel corrió hacia sus tres amigos cercanos (Hananías, Misael y Azarías, más conocidos por sus nombres babilónicos, Sadrac, Mesac y Abed-nego) "para que pidiesen misericordias del Dios del cielo sobre este misterio [el sueño del rey] a fin de que . . . no pereciesen con los otros sabios de Babilonia" (Daniel 2:18).

Oraron. Pidieron. Y cuando Dios respondió, cuando dio a conocer el "misterio" a Daniel, ¿qué hizo Daniel? ¿Qué habríamos hecho tú y yo? Me imagino, que al saber que el tiempo era crucial y que nuestro cuello estaba en juego, es probable que habríamos corrido inmediatamente hasta el rey y le habríamos contado todo lo que el Señor acababa de decirnos. En cambio, Daniel se detuvo a "[bendecir] . . . al Dios del cielo" (2:19). No solo con una rápida acción de gracias. No con un guiño y un gesto de agradecimiento de camino a la puerta. Se quedó allí expresando su extensa alabanza: cuatro ricos versículos que encontramos en la Biblia. Y solo después de orar y alabar, buscó al hombre que sostenía el hacha en su mano y pidió una cita con el rey.

Ese es el cuadro que nos presenta las Escrituras acerca de los hábitos de oración de Daniel cuando era más joven. Aclara cómo desarrolló su espíritu de sabiduría, el entendimiento que poseía sobre asuntos que desconcertaban a casi todos los demás. También aclara cómo pudo hacer para no entrar en pánico bajo presión y cómo se mantuvo amable y humilde en sus reacciones y comportamiento incluso hasta los setenta y ochenta años.

EN LA ESCUELA DE LA ORACIÓN

Sabemos que Dios se mueve en respuesta a las oraciones, la humildad y el arrepentimiento de su pueblo para lograr sus propósitos en el mundo. Creemos que nuestras oraciones importan, pero ¿cómo podemos aprender a orar de manera más eficaz?

Una forma es escuchar a otras personas orar, personas que no hacen solo oraciones casuales o apresuradas; sino personas como Daniel, que abren su corazón al Dios del cielo porque lo conocen, lo aman y creen que Él gobierna.

Daniel, de hecho, tiene mucho que enseñarnos sobre la oración. Daniel 9 registra una de las oraciones más largas y fervientes de las Escrituras, que hizo Daniel al comienzo de la conquista de los medos y los persas. (Para una mayor impresión, sigue la lectura en tu Biblia mientras repasamos este conmovedor ejemplo de oración intercesora).

Cuando Darío llegó al poder, Daniel había vivido toda su larga vida en un lugar que no habría elegido de haber sido por él, donde lidiaba con problemas horribles, respondía a gobernantes horribles, se manejaba en medio de políticas públicas horribles y presenciaba horribles persecuciones contra sus amigos y su pueblo. Sin embargo, "en el año primero de Darío" (Daniel 9:1), en lugar de evadirse, en lugar de ser esquivo, en lugar de ser demasiado egoísta y estar cansado de tratar de adaptarse a otro cambio, Daniel se mantuvo concentrado en las cosas que nunca cambian.

¿Y cómo hizo para mantenerse concentrado? Para empezar, *leía las Escrituras*. Me encanta esto.

En el año primero de su reinado [de Darío], yo Daniel miré atentamente en los libros el número de los años de que habló Jehová al profeta Jeremías, que habían de cumplirse las desolaciones de Jerusalén en setenta años (9:2).

Piensa en esto.

Mientras la atención de todos los demás estaba puesta en la nueva administración, los ojos de Daniel estaban fijos en el Dios Altísimo y en su reino. Estaba ansioso por saber lo que Dios decía de los tiempos que estaba viviendo.

Ahora bien, ¿cómo podía saber eso? De la misma manera como nosotros lo podemos saber. Muchos de nosotros sabemos lo que sucede en el mundo al escuchar a amigos, ver las noticias por cable o leer publicaciones en las redes sociales; pero Daniel obtenía sus informes y su perspectiva al levantar su mirada: leer la Palabra de Dios.

Piensa en el hecho de que Daniel, nuestro Daniel, pudo ver los mismos escritos de Jeremías que están allí en tu Biblia hoy, donde se han posado sus ojos, las yemas de sus dedos y sus rotuladores. Siente el vínculo del pueblo de Dios a través de milenios. Comienza a sentir, incluso de esta manera relativamente pequeña, la eternidad en la que existe nuestro Dios, que Él nos ha creado para que experimentemos con Él. Siéntate con Daniel en la misma habitación por un momento mientras lees los pasajes que hoy conocemos por sus números de capítulo, citas como Jeremías 25 y 29, mientras Daniel comienza a entender la verdad de que el pueblo escogido de Dios no ha sido olvidado, sino que está vivo dentro del cumplimiento de estas profecías.

El pasaje que Daniel leyó en Jeremías hablaba de que el cautiverio de los judíos —su expulsión de Jerusalén— duraría setenta años. Según los cálculos de Daniel, ese período de setenta años estaba llegando a su fin. El Dios que había orquestado su exilio conforme a su Palabra, pronto iba a orquestar su regreso, de nuevo, conforme a su Palabra.

¿La respuesta de Daniel? *Orar.* Su primera reacción cuando Dios le reveló esta verdad, cuando sus ojos se abrieron para ver la perspectiva del cielo sobre los sucesos actuales, fue orar.

Y volví mi rostro a Dios el Señor, buscándole en oración y ruego, en ayuno, cilicio y ceniza (Daniel 9:3).

La oración requiere estar dispuesto a desviar nuestra atención de cualquier preocupación que nos pueda estar perturbando, dejar de lado las distracciones innecesarias y poner nuestra atención en el Señor.

Observa, también, que Daniel no se sentó pasivamente a esperar que Dios cumpliera su Palabra. (De hecho, los judíos exiliados regresarían a su tierra natal unos pocos años después). Inspirado en las promesas de Dios, Daniel se humilló de manera activa y oró.

Comenzó con *alabanza*. "Ahora, Señor, Dios grande, digno de ser temido, que guardas el pacto y la misericordia con los que te aman y guardan tus mandamientos . . ." (9:4). Su atención estaba puesta en Dios. Exaltaba el carácter de Dios que guarda el pacto. La persona que primero alaba, antes que cualquier otra cosa, dimensiona su perspectiva al dimensionarse sobre la naturaleza, el carácter, la majestad y la fidelidad de Dios.

La alabanza de Daniel llevó a la *confesión*. Cuando vemos la grandeza y la gracia de Dios, nos vemos a nosotros mismos con más claridad. La adoración de Daniel lo llevó a orar: "Hemos pecado" (9:5). Ahí está el corazón de Daniel. Observa que no mencionó los pecados de los babilonios, los pecados de los medos, los pecados de los persas. Y créeme, esa gente tenía muchos pecados de los que podría haber hablado; pero eso no es lo importante cuando tienes un corazón humilde y estás orando por la perspectiva del cielo.

> La oración requiere estar dispuesto a desviar nuestra atención de cualquier preocupación que nos pueda estar perturbando, dejar de lado las distracciones innecesarias y poner nuestra atención en el Señor.

Luego Daniel se confesó en nombre de su pueblo, el pueblo de Dios: "No hemos implorado el favor de Jehová nuestro Dios, para convertirnos de nuestras maldades y entender tu verdad" (9:13). Para empezar, el pecado es lo que los había metido en ese apuro.

Solo al admitirlo, aprender de eso y arrepentirse, se alinearían bajo el Dios que había prometido liberarlos.

Después de la confesión, Daniel *rogó a Dios que tuviera misericordia*. Dios lo había hecho antes, cuando liberó a su pueblo de Egipto y lo sacó "con mano poderosa . . . y [se hizo] renombre cual lo [tiene] hoy" (9:15). ¿Lo haría otra vez? Valía la pena orar. (Después de todo, estaba esa promesa que había leído en el libro de Jeremías).

> Oh Señor, conforme a todos tus actos de justicia, apártese ahora tu ira y tu furor de sobre tu ciudad Jerusalén, tu santo monte . . . haz que tu rostro resplandezca sobre tu santuario asolado . . . abre tus ojos, y mira nuestras desolaciones, y la ciudad sobre la cual es invocado tu nombre . . . Oye, Señor; oh Señor, perdona; presta oído, Señor, y hazlo; no tardes, por amor de ti mismo, Dios mío; porque tu nombre es invocado sobre tu ciudad y sobre tu pueblo (9:16-19).

Daniel sabía que su pueblo no merecía la misericordia de Dios. Lejos estaba de eso. Entonces apeló a Dios para que tuviera misericordia "por amor de [sí] mismo", con lo cual reconoció, en efecto, "¡Esto no se trata de nosotros, se trata de ti!".

¿Dónde están hoy los hombres y las mujeres que saben orar así? ¿Por qué no oro *yo* de esa manera, al conocer la condición desesperada del pueblo de Dios y las promesas de la gracia de Dios?

El resto de Daniel 9 (vv. 20-27) revela la respuesta del cielo a la oración de Daniel. "Aún estaba hablando en oración, cuando el varón Gabriel . . . vino a mí . . . y me hizo entender" (9:21-22).

"Aún estaba hablando en oración". ¿Y si Daniel no hubiera orado? ¿Y si hubiera leído la profecía de Jeremías y luego pasado a lo siguiente? Como verás, la oración fue lo siguiente para Daniel. Y mientras oraba vino la respuesta de Dios.

La respuesta, que trajo el ángel Gabriel, fue que Dios había escuchado la oración de Daniel. Dios haría lo que Daniel le había pedido, en su tiempo. Mientras tanto, dijo el ángel, el pueblo de Dios no debe desanimarse; deben perseverar y poner su esperanza en las promesas de Dios. Y lo mismo se aplica a ti y a mí. Nosotros también debemos soportar las dificultades y aferrarnos con fe a Aquel que ha prometido que un día todos los daños serán enmendados y todas las cosas serán redimidas y renovadas.

Nuestros días no son menos complejos que los que Daniel enfrentó en su época. Felizmente, podemos recurrir, como lo hizo él, a la Palabra de Dios para aprender lo que necesitamos saber, qué debemos esperar y cómo debemos pensar y vivir. Que nuestro estudio de las Escrituras, como el de Daniel, nos conduzca a la oración: oración ferviente y victoriosa. Y que nuestras oraciones, como las de Daniel, estén fundadas y alimentadas por la Palabra de Dios. Este proceso anclará nuestra mente y nuestro corazón en la verdad del evangelio, nos llenará de esperanza y nos dará su mensaje para anunciar a nuestra generación.

ORACIONES POR EL FOSO DE LOS LEONES

De todas las historias de Daniel, que han quedado plasmadas en las acuarelas de nuestros recuerdos de la infancia, la historia de "Daniel y el foso de los leones", seguramente, es la más querida, la que podemos recordar con mayor facilidad. Sin embargo, esa historia no es solo para los libros de cuentos bíblicos para niños, para contar y volverla a contar un tanto distantes, con cierta suspensión de la realidad, al haber conocido muy bien el final durante tantos años.

El foso de los leones también es un cuento para adultos, para nosotros a quienes las Escrituras nos han revelado mucho sobre cómo terminarán las cosas, cómo Dios finalmente hará visible su gobierno sobre el cielo y la tierra. No obstante, aquí, en medio de esto, mientras tanto, en el "ya, pero todavía no", ¿qué vamos a hacer? ¿Qué permitirá Él que atravesemos? No siempre lo sabremos, excepto que debemos ser fieles, devotos y vigilantes.

Este es el ejemplo de Daniel para nosotros. Regresa conmigo a Daniel 6, donde vemos que se convirtió en el blanco de una celosa conspiración por parte de algunos de sus compañeros funcionarios del gobierno. Llevaron a cabo su plan con tanta astucia, que terminó sin más remedio que dejarlos ganar, o eso parecía.

Sus rivales, incapaces de encontrarle una mancha, recurrieron a una estrategia que lo obligaría a elegir entre su lealtad a su Dios y su lealtad al rey y al imperio. Fueron en grupo al rey Darío y le sugirieron que él, como la mayor consolidación de su poder, promulgara "un edicto real" y lo confirmara, "que cualquiera que en el espacio de treinta días [demandara] petición de cualquier dios u hombre fuera [del] . . . rey, [fuera] echado en el foso de los leones" (Daniel 6:7).

Naturalmente, al rey le pareció bien esa idea. Les dio el visto bueno, y firmó el edicto con el mismo orgullo que acompañaba cada "ley de Media y de Persia", lo que significaba que no podía "ser revocado" (6:8).

Sin embargo, como sucede a menudo con decisiones tan precipitadas, su fallo tuvo una consecuencia no deseada. A pesar de su tendencia a la fanfarronería y la prepotencia, Darío estimaba a Daniel y contaba con él, como hombre sabio y confiable de Judea. Daniel, gracias al "espíritu superior" que había en él, se distinguía entre todos los que ocupaban posiciones de liderazgo en el imperio, tanto que "el rey pensó en ponerlo sobre todo el reino" (6:3) como su mano derecha.

Daniel, por lo tanto, tenía mucho que perder al no cumplir con esta nueva ordenanza, que deliberadamente (por parte de sus enemigos) y sin querer (por parte del rey), convertía su práctica de oración a Dios en una ofensa capital.

Sin embargo, como vimos en su encuentro con el rey Belsasar no hace mucho tiempo atrás, ¿tenía Daniel realmente algo que perder?

¡No, si el cielo gobierna!

Así es como debemos condicionarnos a pensar. La verdad es más fuerte que el riesgo. La Palabra es más fuerte que el ruido. El fin es más seguro que el presente. Y Dios gobierna sobre todas las cosas. Tú y yo enfrentamos muchos retos, muchas distracciones, muchas situaciones críticas en la vida donde la conveniencia y el impulso de la autopreservación parecen anular lo que alguna historia antigua del Antiguo Testamento indicaría que es nuestra mejor y única opción.

Si queremos continuar con este agotador juego de la aceptación y aprobación de la gente, si creemos que nuestras esperanzas están mejor puestas en las promesas que otras personas nos han hecho y no queremos hacer nada para perderlas, entonces sigamos dejando que la tierra nos gobierne.

Veamos cómo resultará eso. Miremos a nuestro alrededor cuando tengamos sesenta, setenta u ochenta años y descubramos qué poca importancia real hemos adquirido al pensar que nuestra supervivencia dependía de apaciguar a los tiranos temporales. Peor aún, reduzcamos el testimonio de nuestras vidas con nuestra manera de participar y jugar ese juego, cuando Dios nos dio oportunidades de hacer brillar su nombre y distinguirnos entre la multitud.

> La verdad es más fuerte que el riesgo. La Palabra es más fuerte que el ruido. El fin es más seguro que el presente. Y Dios gobierna sobre todas las cosas.

O "seamos como Daniel", como dice la canción infantil. Dejemos de escuchar las voces chillonas de la tierra, que nos dicen lo que debemos pensar y creer (cómo debemos vivir y actuar si esperamos triunfar en este mundo), y sigamos las pisadas fieles, determinantes e imperturbables hacia la habitación de la planta alta de su casa, con las ventanas abiertas al cielo, sobre ese piso de madera donde doblaba sus rodillas.

Y oremos como lo hizo Daniel.

Daniel sabía que su destino estaba en manos de Dios, no en las manos del rey . . . por eso oró.

Sabía que su Dios era (y es) más poderoso que cualquier poder terrenal . . . por eso oró.

Sabía que su Dios era (y es) Aquel que escucha y responde la oración . . . por eso oró.

Sabía que el lugar más seguro de la tierra era (es) en la presencia de Dios . . . por eso oró.

La oración es donde "el cielo gobierna" vive y respira.

Y vence.

No, no siempre parece ser así. Las personas, que estaban decididas a atrapar a Daniel, mientras oraba a su Dios en la intimidad de su propia casa, encontraron todas las pruebas que buscaban. Se apresuraron a informar al rey Darío que Daniel había violado directamente la orden de los treinta días, cuya tinta aún se estaba secando en la sala de redacción real. Y el rey, neciamente atado por su propio edicto, de mala gana levantó la mano y dio la orden de dar a Daniel de comida a los leones.

$\land$

La oración es donde "el cielo gobierna" vive y respira. Y vence.

$\lor$

Entonces, sí, en ese momento, como en la mayoría de nuestros momentos, no había evidencia visible de "triunfo". Al contrario, las cosas en realidad estaban empeorando. No había salida.

No obstante, retrocedamos y veamos algunos de los principios y aplicaciones **CG** que hemos estado reuniendo en el camino. Observemos cómo funcionan en esta situación imposible y veamos cómo pueden aplicarse como estrategias de triunfo en nuestras propias vidas.

ESTRATEGIA CG #1: **No te asustes, ¡ora!**

El rey Darío estaba nerviosísimo cuando se alejó del foso de los leones, tal vez se fue frotando la cera que había quedado en su anillo con el que había sellado la orden de atrapar a Daniel y echarlo allí dentro. No podía comer, no podía dormir. Independientemente de lo que intentara hacer, no encontraba ninguna fuente de alivio. Paseó, deambuló y estuvo inquieto toda la noche mientras miraba hacia la ventana cada cinco minutos para ver si amanecía y así poder justificar una visita real al lugar de la ejecución, y descubrir qué había sido de su amigo hebreo sin probabilidades de salir vivo.

Sin embargo, de manera reveladora, no hay indicios de pánico por parte del hombre que en realidad estaba dentro del foso de los leones, donde se encontraban todos los colmillos y las garras. A pesar de todo, Daniel se mantuvo firme y tranquilo.

¿Por qué? La Biblia no lo explica en detalle, pero me imagino que Daniel pasó la noche en comunión con Dios en oración. Quizás oró las palabras del Salmo 22, que probablemente conocía bien:

> Sálvame de la boca del león . . . [y]
> Anunciaré tu nombre a mis hermanos;
> En medio de la congregación te alabaré.
> Los que teméis a Jehová, alabadle . . .
> Porque no menospreció ni abominó la aflicción del afligido,
> Ni de él escondió su rostro;
> Sino que cuando clamó a él, le oyó
> (vv. 21-24).

ESTRATEGIA CG #2: **Permite que tu oración sea un testimonio.**

Desde el instante en que Daniel fue arrojado al foso de los leones, pudo escuchar las palabras apagadas del rey, que hacían eco y suplicaban ansiosamente: "El Dios tuyo, a quien tú continuamente sirves, él te libre" (Daniel 6:16).

¿Creía eso realmente el rey Darío? ¿Tenía una pizca de fe en que el Dios de Daniel podía liberar a una persona rodeada de bestias salvajes y hambrientas? Es probable que no; pero sabía lo que había visto en Daniel, quien no había hecho nada más que "continuamente [servir]" a este Dios. Y el rey ciertamente sabía lo que le decían sus ojos acerca de un hombre con tanta devoción por su Dios, que no dejó de orar, incluso cuando eso significaba la pena de muerte.

A la mañana siguiente, cuando las primeras luces del día habían teñido el cielo de rosa lo suficiente para que Darío se aventurara a salir, corrió de manera poco aristocrática a la escena y "llamó a voces a Daniel con voz triste, y le dijo: Daniel, siervo del Dios viviente . . . ¿te ha podido librar de los leones?" (6:20).

No sé muy bien cómo describir adecuadamente la incongruencia de esta imagen. Darío no podría haber creído que escucharía una voz viva responder a su pregunta. Sin embargo, algo que había visto en ese "espíritu superior" de Daniel despertó suficiente fe dentro de este déspota pagano —cuyo poder absoluto no había podido salvar a su amigo de los leones— para hacerle creer que el Dios de Daniel podría sacarlo airoso de esa situación.

Ese es el testimonio, mi amigo. Y eso es lo que exudaba la vida de Daniel, de modo que aquí, en su prueba más crítica, en lugar de maldecir la adversidad, pudo caminar con una confianza en Dios, que interfirió incluso con la teología confusa de un monarca de los medos y los persas.

Y nosotros también podemos. La forma en que tú y yo caminamos a través de los valles de sombra de muerte puede resultar en testimonios de igual magnitud hoy. ¡Créelo!

ESTRATEGIA CG #3: **Mantén la perspectiva de que "el cielo gobierna".**
La oración nos ayuda a ver la perspectiva del cielo sobre los acontecimientos de la tierra. A través del visor óptico de la tierra, toda esta dramática situación estaba destinada a eliminar a Daniel, promover a sus acusadores y continuar con la crueldad en todo el imperio; pero el cielo tenía otros planes.

Como sabemos, no siempre la fidelidad en tiempos de crisis resulta en el cierre de la boca de los leones. Por razones que solo Dios conoce, a veces Él permite que prevalezcan los leones. Sin embargo, de cualquier manera, Dios pone de manifiesto su reino eterno a través de nuestras vidas terrenales cuando ponemos nuestra confianza en Él y no en lo que podemos ver y escuchar a nuestro alrededor.

En el caso de Daniel, la intervención del cielo fue dramática y visible para todos. Dios no solo hizo que Daniel saliera ileso después de pasar la noche allí; sino que los que tramaron esta conspiración fueron arrojados al foso de los leones y recibieron un trato mucho menos amable. Dice la Biblia que "aún no habían llegado al fondo del foso, cuando los leones se apoderaron de ellos y quebraron todos sus huesos" (6:24).

El rey Darío luego emitió un nuevo decreto, en el cual ordenaba que todos los de su pueblo temblaran y temieran "ante la presencia del Dios de Daniel . . ."

> porque él es el Dios viviente y permanece por todos los siglos, y su reino no será jamás destruido, y su dominio perdurará hasta el fin. Él salva y libra, y hace señales y maravillas en el cielo y en la tierra; él ha librado a Daniel del poder de los leones (6:26-27).

Eso no es lo que la tierra esperaba, pero la tierra no gobierna. El cielo gobierna.

Esa es la perspectiva con la cual vivimos, actuamos, reaccionamos y oramos.

ORACIÓN SENCILLA Y HUMILDE

George Müller, quien dirigió una red de orfanatos en Inglaterra durante más de cincuenta años en el siglo XIX, nunca pidió una sola donación, sino que oraba y confiaba por completo en que Dios supliría las necesidades de la obra. Creía en el gobierno del cielo, incluso cuando todos los demás sentidos decían lo contrario.

Una historia que se narra a menudo sobre la vida y la fe de Müller cuenta que estaba a bordo de un barco, con destino a América, cuando una densa niebla descendió sobre el mar abierto.[1] El capitán había permanecido despierto durante casi veinticuatro horas para hacer guardia y reducir la velocidad de la embarcación sin que las turbias condiciones a la vista tuvieran fin.

En un momento, una palmadita en su hombro alertó al capitán sobre un pasajero en la sala de timoneo. "Capitán, he venido a decirle que debo estar en Quebec el sábado por la tarde".

Eso no iba a suceder, aseguró el capitán al preocupado. ¿No podía ver el pasajero a qué se enfrentaban? De ninguna manera podrían navegar con seguridad en el espesor de aquella niebla a tiempo para cumplir con el plan original.

—Muy bien, si su barco no puede llevarme, Dios encontrará algún otro medio para llevarme. Nunca he dejado de cumplir un compromiso en cincuenta y siete años.

El capitán volvió con desdén a su tarea y le dijo que lo lamentaba mucho, pero ¿qué esperaba que hiciera?

—Bajemos a la sala de mapas y oremos —respondió George Müller.

¡Disparatado! El capitán, aunque era nominalmente un cristiano practicante, le dijo que nunca había oído hablar de tal cosa.

—Sr. Müller, ¿no sabe cuán densa es la niebla?

—No —respondió—, mis ojos no están puestos en la densidad de la niebla, sino en el Dios vivo, que controla todas las circunstancias de mi vida.

Entonces se arrodilló y oró lo que el capitán recordó como una de las oraciones más sencillas e infantiles que cualquier hombre adulto podría pronunciar. Conmovido por la sinceridad de la fe de Müller, pero incapaz de imaginar cómo una oración tan sencilla podría despertar al Todopoderoso, el capitán permaneció en silencio por un momento, sin saber qué hacer con este hombre.

—Capitán —dijo Müller rompiendo el incómodo silencio—, conozco a mi Señor desde hace cincuenta y siete años, y nunca ha habido un solo día en que no haya logrado una audiencia con el Rey. Levántese, Capitán, y abra la puerta, y verá que la niebla se ha ido.

George Müller llegó a tiempo para su cita del sábado.

Agreguemos, pues, una conclusión final, que vale la pena recordar cuando pensamos en cómo las oraciones del pueblo de Dios se cruzan con el gobierno del cielo. Tanto en la oración de George Müller como en la de Daniel vemos humildad. Ambos mantenían un sentido claro de quiénes eran en relación con Dios. Ambos reconocían la grandeza y el poder de Dios. Ambos se acercaron a su trono con fe sencilla y humilde.

Nunca confundas la oración humilde con la falta de audacia. Lo que no se puede demostrar en términos de volumen y lenguaje locuaz, una confianza inquebrantable lo compensa con creces.

Daniel no se adjudicó la gloria o el mérito por el milagro que tuvo lugar toda esa noche hasta la mañana siguiente. "Mi Dios envió su ángel, el cual cerró la boca de los leones" (6:22). *"Mi Dios"*: el Dios que gobierna los cielos; el Dios que gobierna los mares; el Dios que gobierna los lugares más terribles, oscuros y peligrosos que podamos imaginar. Tal vez conoces esos lugares demasiado bien, porque en este momento estás en tu propio foso de los leones, y no se trata de una historia infantil de un libro ilustrado.

Aunque esa sea tu situación, este es el momento de orar. Este es el momento de arrodillarte y pararte sobre la verdad. Este es el momento de rechazar la sabiduría terrenal, que dice que la oración es una pérdida de aliento y tiempo.

Todo lo que ves a tu alrededor te hará pensar que es cierto. Sin embargo, levanta tu mirada. Mantén tu mirada en el cielo. Sigue orando.

CAPÍTULO SIETE

El grito de batalla

Dios es demasiado grande para que nuestras
mentes finitas lo comprendan y, sin embargo,
sus misericordias son demasiado grandes para
que no escuche nuestros gritos de auxilio.

—*Pastor Bobby Scott*

MI AMIGA COLLEEN CHAO es una guerrera. Apenas tenía cuarenta años
cuando sus médicos descubrieron el origen intimidante de algunos
problemas de salud que estaba experimentando. Después de un largo
conjunto de exámenes, confirmaron que tenía una clase de cáncer
agresivo, que estaba amenazando su cuerpo y que, para combatirlo,
sus opciones de tratamiento tendrían que ser igualmente extremas.

Mientras estoy escribiendo, el cáncer de Colleen ha alcanzado
la etapa cuatro y se ha extendido más allá de su sitio original de
descubrimiento a sus ganglios linfáticos y sus huesos, un diagnóstico cruel y alarmante. Actualmente, se encuentra en tratamiento
con el objetivo de tener un poco más de tiempo en la tierra con su
esposo y su hijo de once años (quien también ha enfrentado graves
problemas de salud). Es posible que ella esté en el cielo cuando se
publique este libro.

Colleen y su familia han soportado esta prueba no deseada con
notable fe y valentía. Su testimonio ha sido de verdadera inspiración.[1]

Sin embargo, ni por un instante han evitado ser realistas acerca de las características sombrías de esta batalla, el dolor desgarrador y la incertidumbre que se interpone en sus vidas.

Poco después de recibir el pronóstico más reciente y terrible de su cáncer de mama metastásico, Colleen envió un correo electrónico a sus amigos y familiares donde reflexionaba sobre el mismo Daniel que tú y yo hemos aprendido a admirar a lo largo de las páginas de este libro: el Daniel que se enfrentó a adversarios irascibles; el Daniel que enfrentó su propia sentencia de muerte; el Daniel que pasó una noche entera en paz y tranquilidad del lado equivocado de la jaula de un león.

Sin embargo, el libro de Daniel, como tal vez sepas, cambia de tono y dirección cuando pasa a la segunda mitad. Mientras que los primeros seis capítulos son, en gran parte narrativos e históricos, los últimos seis capítulos se dedican a visiones, profecías y anticipos de días angustiosos por venir, muchos de los cuales aún esperan su cumplimiento en nuestros días o en algún momento del futuro cercano o lejano. En estos capítulos, Daniel, ahora en sus últimos años, habla de realidades aterradoras, de ataques frontales al pueblo escogido de Dios. Nunca pierde de vista la grandeza de Dios, pero tampoco minimiza los verdaderos horrores que su pueblo tendrá que enfrentar.

Y el Daniel que vemos en esos momentos, aunque no menos firme y decidido, también muestra su lado humano. En su correo electrónico, Colleen nos recordó que la magnitud de los desastres que se avecinaban afectó profundamente a Daniel, tanto en el aspecto emocional como físico:

- "Se me turbó el espíritu a mí, Daniel, en medio de mi cuerpo" (Daniel 7:15).
- "Y yo Daniel quedé quebrantado, y estuve enfermo algunos días" (Daniel 8:27).
- "No quedó fuerza en mí, antes mi fuerza se cambió en desfallecimiento, y no tuve vigor alguno" (Daniel 10:8).

- "Con la visión me han sobrevenido dolores, y no me queda fuerza" (Daniel 10:16).
- "Al instante me faltó la fuerza, y no me quedó aliento" (Daniel 10:17).

Quizás conozcas tal sensación. Colleen, sin duda la conoce. Y al ver estas mismas emociones en Daniel, algunas de las mismas emociones que ella también ha experimentado, a menudo sin previo aviso, se ha sentido acompañada y comprendida en esta comunión de sufrimiento. "Estoy tan agradecida de ver —escribió en su correo electrónico— que un poderoso hombre de Dios como Daniel se sintiera afectado por las malas noticias, incluso cuando estaba completamente convencido de la inmensa compasión de Dios".

En caso de que estés leyendo este capítulo de manera rápida, sería bueno que te detengas y vuelvas a leer la última oración. Este era el quid de la cuestión para Daniel. Y es el quid de la cuestión para cualquier persona cuya vida esté envuelta en la certeza de que el cielo gobierna, un recordatorio de que podemos estar rodeados de destrucción por fuera y por dentro y aun así manifestamos el inagotable amor de Dios.

Como ves, la confianza en un Dios bueno y grandioso y la existencia de una debilidad aplastante no son mutuamente excluyentes. Pueden coexistir sin contradicción alguna. El dolor de Colleen no hace mella en su testimonio, incluso cuando apuñala con tanta violencia su costado, su espalda, su cadera, su mente. De hecho, escribió, "una amiga me animó desde el principio a estar bien con el dolor y la pena que me consumen, a ser amable conmigo misma en las noches de insomnio, las lágrimas constantes y el estrés físico de todo esto". Es un consejo que necesitaba escuchar con desesperación; una respuesta que ve manifestada en el ejemplo de Daniel.

"Está bien sentirse destrozado por las malas noticias" de muerte y destrucción consiguientes, no en el peor de los sentidos, sino en un sentido humano inmediato. Porque esta vida, reconozcámoslo, es una batalla. La vida en esta tierra siempre será una batalla, y los humanos siempre seremos susceptibles al dolor de tener que batallar. Sin embargo, sentirse destrozado en la batalla no es lo mismo que perderla.

Somos gobernados demasiado bien y amados demasiado como para creer que estamos solos en nuestro dolor. Y no olvidemos que cualquier "destrucción" que podamos experimentar aquí y ahora no es el final de la historia, no durará para siempre. Nos ayuda a soportar este dolor presente la seguridad de que todo lo que ahora está siendo destruido algún día será redimido.

En la primera mitad del libro de Daniel, el rey tiene sueños que Daniel interpreta. En la segunda mitad, Daniel recibe cuatro visiones, que un ángel interpreta. A veces, estas visiones se parecen a una novela épica de mucha fantasía: piensa en *El señor de los anillos*. Si quieres tener una idea, lee Daniel 7. ¿Cómo resumirías la trama de esta visión en una o dos oraciones?

PROBLEMAS BESTIALES

Para que te orientes bíblicamente al estudiar estas visiones de Daniel, comienza por notar que la que se registra en Daniel 7 ocurrió "en el primer año de Belsasar rey de Babilonia" (v. 1) y la de Daniel 8 "en el año tercero del reinado del rey Belsasar" (v. 1). Así que estamos retrocediendo en el tiempo. Estas visiones tuvieron lugar *antes* de esa noche, en Daniel 5, cuando apareció la mano misteriosa y escribió un mensaje en la pared del palacio, y también antes de Daniel 6, cuando el rey Darío, sin saberlo, colocó a Daniel en el curso de un choque frontal con el foso de los leones.

Más importante aún, las decenas de predicciones específicas en las visiones de Daniel 7–12 le fueron reveladas a Daniel cientos e incluso miles de años antes que cualquiera de estos espantosos sucesos tuvieran lugar en la tierra.

EL GRITO DE BATALLA

Es como si alguien que viviera a mediados del siglo XVII hubiera escrito un libro que describiera en detalle la invasión alemana de Polonia al comienzo de la Segunda Guerra Mundial, el holocausto judío, la guerra árabe-israelí de 1948, el asesinato del presidente John F. Kennedy, la guerra de Irán con Irak, la caída del Muro de Berlín, el genocidio de Ruanda, la pandemia mundial de 2020 y muchos otros acontecimientos similares que aún no han sucedido.

No hay forma de que alguien pueda hacer eso, diríamos. Sin embargo, las visiones de la segunda mitad del libro de Daniel hablan de batallas, gobernantes, calamidades y esperanza por venir con tal certeza que solo Dios podría conocer.

Dios quería que Daniel, y los creyentes de todas las épocas, vieran los acontecimientos de la tierra desde la perspectiva del cielo. Quería que viéramos y comprendiéramos que, a lo largo de todos los auges y las caídas de reyes y reinos de la tierra, el cielo continúa gobernando.

En la primera visión, la que se relata en Daniel 7, Daniel fue testigo del gobierno del cielo sobre las fuerzas de la naturaleza: "He aquí que los cuatro vientos del cielo combatían en el gran mar" (7:2). Esos vientos arremolinados simbolizan grandes conmociones y estragos que vienen sobre la tierra.

Suena familiar, ¿no es cierto? ¿No puedes sentir ese revuelo que se agita como un ciclón a nuestro alrededor hoy en nuestros hogares, nuestras ciudades y nuestro mundo? Sin embargo, no te equivoques, esta perturbación, este desarraigo, esta agitación, es una señal del cielo en acción.

El Dios del cielo está controlando los acontecimientos de la tierra desde arriba, obrando en y a través de los conflictos que azotan nuestro mundo roto; obrando a pesar de nuestras propias debilidades y quebrantos; obrando en cada parte y cada pieza del destino que un día nos llevará al hogar con Él a través de la tormenta. Sí, las olas son altas, pero no estamos a la deriva en medio de los escombros flotantes del destino. Hay poder y hay seguridad en el gobierno del cielo incluso cuando duele. Incluso cuando da miedo.

La primera visión de Daniel, definitivamente, lo asustó. Porque de ese mar turbulento salieron "cuatro bestias grandes" (7:3), una tras otra.

- "La primera era como león, y tenía alas de águila" (7:4); luego, mientras Daniel observaba, le arrancaron las alas de la espalda, entonces la bestia se paró como si fuera un hombre.
- La segunda bestia era "semejante a un oso" (7:5), salvo que era extrañamente desigual ya que "se alzaba de un costado más que del otro", y se mordía rabiosamente tres costillas carnosas entre los dientes.
- La tercera tenía la apariencia de "un leopardo" (7:6). También tenía una figura anormal con cuatro alas en la espalda y cuatro cabezas distintas unidas a su espeluznante cuerpo.
- Finalmente, emergió una cuarta bestia "en gran manera fuerte, la cual tenía unos dientes grandes de hierro" (7:7) y diez cuernos. Entonces, de repente, le salió "otro cuerno pequeño" (7:8), que parecía tener ojos y una boca con la cual profería siniestras amenazas.

"Las visiones de mi cabeza me asombraron", admitió Daniel (7:15), lo que hizo que suplicara que alguien le aclarara por qué había tenido esas visiones y qué significaban esas horribles imágenes.

Esas cuatro bestias, le explicaron, representaban "cuatro reyes que se levantarán en la tierra" (7:17). Es de suponer que estos son los mismos reinos, que se presagian en el sueño de Nabucodonosor sobre la estatua de varios metales, que ahora se revelan con detalles más gráficos e inquietantes.

- La primera bestia parece representar a *Babilonia*. Su transformación de forma animal a cualidades más humanas se remonta a ese período de tiempo cuando Nabucodonosor perdió la cabeza y luego recuperó la cordura.

• La segunda imagen contiene marcas del *Imperio medo persa* que, como hemos visto, ocupó el lugar de Babilonia en el mapa. De sus dos partes desiguales (Media y Persia), la que finalmente reclamó el dominio fue Persia.

• La tercera, que junto con la bestia medo persa reaparece en forma diferente en Daniel 8, es claramente una descripción de *Grecia*. Alejandro Magno derrotó a los persas a mediados de los años 300 a.C., pero después de su prematura muerte, el Imperio griego resultante se dividió entre sus cuatro principales generales; por eso, las cuatro cabezas.

Sin embargo, la cuarta bestia está menos confinada a los libros de historia y más vinculada con nuestro presente y futuro. Ahora bien, ten en cuenta que su cumplimiento estaba totalmente en el futuro cuando Daniel la vio por primera vez, y sus implicaciones se manifestarían, al menos en parte, en las batallas cada vez más peligrosas que el pueblo de Dios pronto enfrentaría.

Daniel pareció saberlo de manera inmediata e intuitiva.

Entonces tuve deseo de saber la verdad acerca de la cuarta bestia, que era tan diferente de todas las otras, espantosa en gran manera, que tenía dientes de hierro y uñas de bronce, que devoraba y desmenuzaba, y las sobras hollaba con sus pies; asimismo acerca de los diez cuernos que tenía en su cabeza, y del otro que le había salido, delante del cual habían caído tres; y este mismo cuerno tenía ojos, y boca que hablaba grandes cosas, y parecía más grande que sus compañeros (7:19-20).

"Este cuerno —dijo (la parte de la visión que lo había afligido más que el resto)— hacía guerra contra los santos, y los vencía" (7:21).

Ahora bien, los comentaristas tienen diferentes opiniones sobre el marco de tiempo específico y el significado de este misterio . . . de *todos* estos misterios. Sin embargo, creo que hacemos bien en mantenernos concentrados en lo que Dios nos ha revelado claramente y en la forma en que estas antiguas batallas se relacionan con las hostilidades que tú y yo enfrentamos en nuestro mundo hoy, así como también aquellas que aún nos esperan en el futuro. Y en todo esto debemos recordar que nuestro Dios nunca ha dejado y nunca dejará de gobernar sobre cada nación, gobernante y acontecimientos presagiados en estas visiones.

LA BATALLA RECRUDECE

¿Cuál es el peor día que has vivido? ¿Qué es lo peor que le ha sucedido a tu familia? ¿Cuál es el peor acontecimiento en la historia de tu nación? De los muchos momentos difíciles que has sentido y presenciado personalmente, ¿qué hecho o suceso ha sido el más difícil y doloroso?

Lo peor que Daniel había experimentado fue la invasión de Nabucodonosor a su tierra natal: la destrucción del templo de Jerusalén y el exilio de su pueblo. En oración se refirió a este suceso como un "tan grande mal; pues nunca fue hecho debajo del cielo nada semejante a lo que se ha hecho contra Jerusalén" (Daniel 9:12). Parecía imposible que pudiera haber sucedido alguna vez. Aquella tierra había sido de ellos desde los días de Abraham, Isaac y Jacob, y ciertamente desde los días de Josué, David y Salomón. Ahora pertenecía a otros, y el pueblo de Dios pertenecía a Babilonia. Daniel no podía concebir nada peor que eso; pero si su cautiverio y la demolición del templo calificaban como una de las peores experiencias en la historia de su pueblo, otra atrocidad ya estaba en camino para unirse a esta, si no superarla.

Volvamos a la visión de las cuatro bestias en Daniel 7. El "cuerno pequeño", que se levanta sobre la cuarta bestia, obviamente representaría un gran problema. Y un afiche de "indeseable" está pegado a todas estas visiones que Dios le dio como una advertencia profética en la última mitad de Daniel.

Entonces, ¿qué, o a quién, representa este poderoso "cuerno pequeño"? Quédate allí conmigo. Esto es un poco confuso, tanto que muchas personas nunca leen más allá de Daniel 6, y se pierden algunas de las amenazas más ominosas y las promesas más magníficas que se encuentran en las Escrituras.

Después de un conflicto mundial, descrito metafóricamente en Daniel 8, y tras doscientos años de guerra crónica alrededor de Israel, como se describe en Daniel 11, un rey griego llamado Antíoco Epífanes subió al poder y gobernó desde el 175 a.c. hasta su muerte en el 164 a.c. Y según Daniel 11:21 era una persona "despreciable". Esta palabra también se traduce como "malvado y cruel" (PDT), y "vil" (RVA2015). No soy una erudita en hebreo, pero esto es lo que deduzco de todo eso: Antíoco Epífanes no era un buen hombre.

Y su animosidad hacia los judíos llevó a la matanza de miles de ellos. Sin embargo, su agresión, aunque física, también fue psicológica y espiritual. Diabólica. Aquí está como este despiadado futuro gobernante fue descrito a Daniel, y por qué lo que escuchó lo angustió tanto, incluso, desde su punto de vista, cientos de años antes del ascenso al poder del cruel déspota:

> Y su poder se fortalecerá, mas no con fuerza propia; y causará grandes ruinas, y prosperará, y hará arbitrariamente, y destruirá a los fuertes y al pueblo de los santos. Con su sagacidad hará prosperar el engaño en su mano; y en su corazón se engrandecerá, y sin aviso destruirá a muchos; y se levantará contra el Príncipe de los príncipes . . . (Daniel 8:24-25).

> . . . y volverá, y se enojará contra el pacto santo, y hará según su voluntad; volverá, pues, y se entenderá con los

que abandonen el santo pacto. Y se levantarán de su parte
tropas que profanarán el santuario y la fortaleza, y quitarán
el continuo sacrificio, y pondrán la abominación desoladora
(Daniel 11:30-31).

En 168 a.c., casi cuatrocientos años después de la visión de
Daniel de las cuatro bestias, Antíoco Epífanes invadió Jerusalén y
saqueó artículos de propiedad valorados en más de mil millones de
dólares de la moneda actual y tomó como esclavas a las víctimas
que quedaron con vida. También saqueó el templo, que había sido
reconstruido con arduo esfuerzo en las décadas posteriores al regreso
del pueblo. Y quizás lo más irritante de todo, erigió un ídolo del dios
griego Zeus en el lugar donde se adoraba al Dios del cielo y ofreció
un cerdo (la más inmunda de las ofrendas) como sacrificio sobre el
altar sagrado de Dios.

Tal vez, después de todo, *despreciable* no sea una palabra lo suficientemente mala.

Quizás te preguntes por qué el libro de Daniel hace tanto énfasis
en este gobernante vil y violento. A medida que se desarrolla toda
la película, descubrimos que él era un personaje importante en la
trama de la historia que Dios está escribiendo en la historia humana.

Y, como resultado, Antíoco y sus atrocidades, por horribles que
hayan sido, algún día serán superadas por otro gobernante despreciable.

Una de las cosas que aprendemos al leer la profecía bíblica es que a
menudo contiene una visión *cercana* y una visión *lejana*. La visión
cercana, por supuesto, todavía puede estar a varios siglos de distancia, como en estas visiones sobre el gobernante apóstata. No obstante, gran parte del lenguaje que Dios usó para advertir a su pueblo
sobre Antíoco también describe a otro gobernante, que acecha en la
lejanía, más allá del horrendo reinado de Antíoco. Un poderoso falso
mesías se levantará en los últimos tiempos para oponerse a Dios,
perseguir a su pueblo y tratar de controlar el mundo. Lo conocemos
como el anticristo.[2]

Así se describe en el Nuevo Testamento a este opresor demoníacamente inspirado:

> El cual se opone y se levanta contra todo lo que se llama Dios o es objeto de culto; tanto que se sienta en el templo de Dios como Dios, haciéndose pasar por Dios (2 Tesalonicenses 2:4).

> Y abrió su boca en blasfemias contra Dios, para blasfemar de su nombre, de su tabernáculo, y de los que moran en el cielo. Y se le permitió hacer guerra contra los santos, y vencerlos. También se le dio autoridad sobre toda tribu, pueblo, lengua y nación (Apocalipsis 13:6-7).

Entonces ahora estos pasajes de Daniel nos tocan más de cerca, ¿verdad? Esto ya no es solo historia antigua. No hemos visto lo último, tal vez tampoco lo primero, sin duda no lo peor de este anticristo al estilo de Antíoco. Sin embargo, su hora está llegando, quizás mucho antes de lo que nos imaginemos. E incluso hoy mismo, con el fin de los tiempos cerca o lejos, somos objetivos de fuerzas espirituales y gobernantes ("anticristos") que odian a Dios y odian al pueblo de Dios, y cuya forma de atacar a Dios es atacar a su pueblo. Incluso eso lo aprendemos de Daniel.

La visión final de Daniel está registrada en Daniel 10–12. Es un pasaje desalentador para los estudiantes de la Biblia más sagaces, pero sabemos que toda la Palabra de Dios es útil para nuestra instrucción y nuestro crecimiento, así que te animo a perseverar. Lee el capítulo 10 y pide a Dios que te dé entendimiento. ¿Cómo describirías lo que estaba sucediendo en la tierra en esta visión? ¿Qué estaba sucediendo en el reino celestial invisible? ¿Cómo se sintió afectado Daniel por lo que vio? ¿Cómo animó Dios a su siervo?

El "conflicto grande" que Daniel vio descrito proféticamente en la visión de Daniel 10 (v. 1) se intensificaría en las generaciones venideras contra los que adoraran al Dios de Israel. Sin embargo, descubrimos que estas batallas sobre la tierra, en realidad, eran expresiones visibles de una batalla que se peleaba muy por sobre lo alto de la tierra. (Recuerda que no es suficiente ver las cosas desde la perspectiva de la *tierra*. También debemos ver todo lo que está sucediendo aquí en la tierra desde la perspectiva del *cielo*, y confiar en que Dios sabe y ve todo, incluso cuando muchas cosas están ocultas a nuestra vista).

La consternación de Daniel ante estas visiones de levantamientos y persecuciones contra su pueblo lo abrumó tanto, que pasó tres largas semanas apesadumbrado en oración y ayuno. Incluso entonces no recibió nada que pudiera servirle de alivio. Estaba tan desconsolado tres semanas después como cuando tuvo esa revelación por primera vez.

Entonces sucedió algo. Se le apareció un ángel que le traía noticias de más batallas y conflictos (ver Daniel 11), pero esa dura noticia fue precedida por una palabra alentadora:

> Entonces me dijo: Daniel, no temas; porque desde el primer día que dispusiste tu corazón a entender y a humillarte en la presencia de tu Dios, fueron oídas tus palabras; y a causa de tus palabras yo he venido (Daniel 10:12).

Dios había escuchado a Daniel. Dios estaba escuchando. Qué maravillosa seguridad debe de haberle dado esto al angustiado profeta.

Sin embargo, si Dios había escuchado sus oraciones y le había enviado una respuesta hacía tres semanas, ¿por qué la demora? He aquí la razón: "Mas el príncipe del reino de Persia se me opuso durante veintiún días", le informó el ángel. El conflicto podría haber durado más, salvo que "Miguel, uno de los principales príncipes, vino para ayudarme" (10:13). En otras palabras, había más en lo que estaba sucediendo de lo que Daniel podía ver con sus ojos.

Los comentaristas están de acuerdo en que "el príncipe del reino de Persia" no era un gobernante humano como los que Daniel había servido a lo largo de su vida. El ángel se refería a un ser espiritual de alto rango, que ejercía poder e influencia sobre el Imperio persa. Esto parece sugerir que hay demonios poderosos —ángeles caídos, mensajeros de Satanás— que están conectados con imperios, gobernantes y gobiernos mundiales. Trabajan de manera invisible detrás de muchos desarrollos políticos y culturales visibles y siempre intentan sabotear el gobierno de Dios y perjudicar a su pueblo.

Las batallas que tienen lugar a nuestro alrededor en la tierra reflejan un conflicto espiritual mayor, que tiene lugar en los cielos. Las batallas que observamos en nuestro mundo entre el bien y el mal, entre la verdad y la mentira, o entre el pueblo de Dios y los enemigos de Dios, reflejan algo de esta guerra sobrenatural. También lo hacen las batallas que se libran en nuestras familias, nuestras iglesias, las células de nuestros cuerpos o en cualquier otro lugar de nuestras vidas o el mundo.

Nuestra "lucha", señala el apóstol Pablo, no es "contra sangre y carne, sino contra principados, contra potestades, contra los gobernadores de las tinieblas de este siglo, contra huestes espirituales de maldad en las regiones celestes" (Efesios 6:12). Esto no se trata solo de la Biblia que aborda temas bíblicos. Es la Palabra de Dios que abre nuestros ojos a realidades que son más reales que las cosas que suceden en el mundo real.

No vivimos en un mundo 3D, donde todo lo que vemos suceder a nuestro alrededor es simplemente el resultado de causa y efecto de personas que interactúan con otras personas; de procesos puramente naturales, donde en ocasiones quedamos atrapados en medio del fuego cruzado. Vivimos aquí en la tierra en medio del enfrentamiento y el estruendo de un conflicto que tiene lugar en la dimensión celestial invisible. Y a veces los enemigos de Dios y su pueblo parecen estar ganando. De hecho, a Daniel se le habla directamente de un tiempo terrible cuando muchos del pueblo de Dios "por algunos días caerán a espada y a fuego, en cautividad y despojo" (Daniel 11:33).

Sucedió en los siglos posteriores a que Daniel tuviera esta visión, ha sucedido una y otra vez desde entonces y continúa sucediendo hoy. En tales momentos, a veces parece que Dios es impotente para detener la oposición o para ayudar a su pueblo, pero eso no es cierto. Todo esto está bajo su control y, lo que es más importante, solo "por algunos días" (11:33).

Este espíritu maligno sobre Persia había tratado de impedir que el mensajero angelical llevara a Daniel la respuesta a sus oraciones. Y ese espíritu maligno tuvo éxito por un período de tiempo, hasta que Dios dijo: "Se acabó el tiempo" y envió a uno de sus ángeles principales, Miguel, para ayudar al ángel mensajero, quien finalmente pudo llegar hasta Daniel.

Las fuerzas del mal son fuertes. Son capaces de crear obstáculos, dificultades y demoras para el pueblo de Dios, pero ten seguridad de esto: solo pueden oponerse; no pueden prevalecer. Están bajo el gobierno del cielo y no pueden impedir que su obra se lleve a cabo.

A fin de cuentas, cualquier problema que puedan causar ya ha sido derrotado por los planes y propósitos de Dios en Cristo para transformar la maldición del mal en bendición para todos los redimidos.

Incluso mientras batallamos.

CUANDO LAS COSAS SE VEN MAL

Mark y Michelle Leach son miembros de la familia política de mi esposo. Su segunda hija, una niña a la que llamaron Blair, nació con una rara mutación genética, que le causó graves discapacidades físicas y cognitivas y afectó gravemente a casi todas sus funciones corporales. Los dos primeros años de su vida los ha pasado entrando y saliendo del hospital, incluida una cirugía a corazón abierto a los dos meses de edad. Como puedes imaginar, la vida con Blair ha sido muy diferente a la vida que cualquier madre espera cuando se entera de que está embarazada.

A las veinte semanas de embarazo, la pareja le había dicho a Dios (cuando se presentaron los primeros indicios de la condición de Blair, con su otra hija que aún no tenía un año) que lo único que no podían resistir era un niño con necesidades acuciantes a largo plazo. Oraron para que los exámenes y los análisis estuvieran equivocados; que el peor de los casos que les habían presentado fuera tan solo una probabilidad, para que pudieran tener una perspectiva equilibrada, con la esperanza desesperante de que el resultado final no fuera tan grave como les habían dicho que podría serlo.

Sin embargo, tan pronto como nació Blair, la primera mirada a su rostro les dijo lo contrario. A pesar de todos sus cuestionamientos y todas sus súplicas, a pesar de la sinceridad genuina de todas sus oraciones, la respuesta de Dios a su clamor pareció haber sido silenciada y desoída en el reino celestial. La situación era mala y poco probable que mejorara.

Y no mejoró.

Tras un mes de acciones denodadas en cuidados intensivos, el hospital los envió a casa con un suministro de sondas, cables y un equipo médico complicado para comenzar a cuidar veinticuatro horas al día, siete días a la semana, de una nueva hija a la que amaban con todo su corazón, pero que realmente no sabían cómo cuidar.

Mark y Michelle reconocen con sinceridad que "la vida con Blair es muy dura. Según los estándares terrenales, da poco a cambio".[3] La mayoría de los días llegan con más preguntas que respuestas, cansancio que no se alivia con apenas un momento de respiro, los nervios alterados y el silencio de Dios que los hace sentir a veces como si Él no quisiera molestarse en resolver sus problemas.

Es una batalla diaria, que parece interminable, física, espiritualmente, en todo. "Luchamos con el Señor —admiten— y le rogamos que sanara a Blair y nos diera una hija sin incapacidades. Y su respuesta fue no. Sin embargo, lo hizo para darnos algo mucho mejor". Una nueva y profunda compasión en sus corazones. Una perspectiva más real sobre sus roles como padres de los hijos que Dios les ha dado. Oportunidades para testificar sobre su fiel sustento. Y más de Él de lo que jamás habían experimentado.

Michelle dice:

> Siento la protección del Señor de los pensamientos que se anticipan a los días desconocidos que tendremos por delante. Pone vallas a mi alrededor cuando siento la tentación de comparar a Blair con otros niños. Solo por su gracia me siento libre de una vida gobernada por la comparación, la ansiedad y el miedo.

Aunque es doloroso, muy doloroso, Mark y Michelle están llegando a ver que la respuesta "no" de Dios no es insensible ni incidental, sino que en realidad es parte de su plan bueno para sus vidas. Que su Dios está ganando una batalla muy reñida, sin que el enemigo pueda hacer nada al respecto. Michelle señala que la paz llegó cuando comenzó a darse cuenta de que . . .

> Dios estaba en una misión de su gracia para usar a Blair a fin de convertirme en una mujer más semejante a Jesús. Como el oro que pasa por el fuego, Él ya está usando a Blair para quemar el pecado que le desagradaba y así purificarme.

Sin embargo, esta es la declaración de esta joven pareja que más me cautivó, no solo en términos de cómo el gobierno del cielo puede ayudarnos a atravesar nuestras batallas, sino también en términos de la forma en que el Señor usa tales batallas para moldear a padres afligidos como Mark y Michelle, y a personas como nosotros, en medio de pruebas donde sentimos que hemos llegado al límite o más allá de nuestras fuerzas:

> Él está usando a Blair para ayudarnos a ajustar nuestra perspectiva de lo que es eterno y a poner nuestra mirada en el cielo, para que estos cortos años aquí en la tierra ocupen el lugar que les corresponde comparados a la eternidad con Jesús.

Estas palabras, como las de Colleen Chao, se parecen mucho a las de Daniel.

Sus batallas se ven tan espantosas, sus cargas parecen tan insoportables. Sin embargo, sus ojos siguen mirando al cielo.

SIGUE MIRANDO

Una de las cosas que no puedes dejar de notar en este tapiz de visiones registradas en el libro de Daniel es cuántas veces se describe a Daniel en la postura de estar mirando. Tal vez quieras resaltar estas referencias en tu Biblia, como lo he hecho en la mía. Por ejemplo: "miraba yo" (Daniel 7:2), "después de esto miré" (7:6), "después de esto miraba yo" (7:7) . . .

Incluso cuando estaba exhausto y abrumado por las batallas que se desarrollaban a su alrededor y las que estaban por venir, Daniel permaneció espiritualmente alerta, con los ojos de su corazón bien abiertos y puestos en el cielo.

Somos propensos a ver solo la realidad terrenal: ver el ciclo continuo de noticias; ver cómo se comporta nuestra pareja, nuestros hijos o nuestro jefe. Sacamos conclusiones y determinamos cómo reaccionar en función de lo que podemos ver aquí abajo. Sin embargo, Daniel vio lo que *Dios* estaba haciendo en medio, y más allá, de toda la intriga y el caos político, que se desarrollaba a su alrededor en la tierra. Eso es lo que mantuvo su corazón y su mente en calma y le dio un espíritu excelente y la sabiduría para saber qué hacer.

Mirar las cosas correctas, mirar en la dirección correcta, nos dará valor y consuelo en el torbellino de lo que sea que esté sucediendo a nuestro alrededor. Es clave para permanecer firme en medio de las vicisitudes no alterarnos por conflictos, amenazas, presiones y personas terrenales. Es clave para continuar sirviendo al Señor cuando los tiempos son tormentosos, confusos, corruptos e impíos.

Sin embargo, no es solo cuestión de mirar. Jesús exhortó a sus discípulos a que "velen y oren" (Mateo 26:41, RVA2015). Y eso es exactamente lo que hizo Daniel.

Y no estamos hablando solo de miradas ocasionales, rápidas y confundidas en dirección a Dios. Daniel acostumbraba a mirar como una forma de vida constante: "estuve mirando" (Daniel 7:9), "miraba yo" (7:13).

Cuando parece que Dios no está haciendo nada en nuestra situación o en el mundo, somos tentados a dejar de mirar a Él y su actuación. Creo que esta es una de las razones por las que tantos cristianos están crónicamente ansiosos y desanimados, porque han dejado de mirar. O porque su atención está puesta en lo que sucede aquí en la tierra, pero se han olvidado de alzar los ojos al cielo.

Así que no dejes de mirar. No dejes de buscar lo que Dios está haciendo. Y sigue mirando las cosas correctas. Mantén tus ojos en la Palabra de Dios. Observa qué planes está desarrollando Él aquí en la tierra. Y siempre, siempre mantén tus ojos en Cristo, el Señor resucitado de toda la creación.

Un día después de sus tres semanas de ferviente oración (Daniel 10:2-3), Daniel estaba parado entre un grupo de personas a orillas del río Tigris cuando, instintivamente, alzó sus ojos y miró (vv. 4-5) mientras pensaba en todas las cosas que lo habían estado preocupando a lo largo de su larga e intensa temporada de batalla espiritual.

Ahora mira lo que vio cuando alzó sus ojos. Mira a *Quién* vio:

. . . un varón vestido de lino, y ceñidos sus lomos de oro
de Ufaz. Su cuerpo era como de berilo, y su rostro parecía
un relámpago, y sus ojos como antorchas de fuego, y sus
brazos y sus pies como de color de bronce bruñido, y el
sonido de sus palabras como el estruendo de una multitud
(10:5-6).

Si esta descripción te suena familiar, no es casualidad. Compárala
con la descripción que dio Juan de la figura que le habló en una visión
celestial en el primer capítulo de Apocalipsis:

. . . uno semejante al Hijo del Hombre, vestido de una ropa
que llegaba hasta los pies, y ceñido por el pecho con un
cinto de oro. Su cabeza y sus cabellos eran blancos como
blanca lana, como nieve; sus ojos como llama de fuego;
y sus pies semejantes al bronce bruñido, refulgente como
en un horno; y su voz como estruendo de muchas aguas
(Apocalipsis 1:13-15).

Casi idéntico, ¿verdad? Esto se debe a que la visión de Daniel,
que nadie más a su alrededor pudo ver (¿quizás porque no habían
levantado su mirada?) es otra cristofanía o aparición de Cristo en
el Antiguo Testamento. Aquí a plena vista estaba el Hijo de Dios, el
Mesías prometido, que un día vendría a la tierra como hombre para
redimir a este mundo caído, visitando a Daniel en su angustia.

Estaba respondiendo al dolor de Daniel y sus oraciones con su
presencia y diciéndonos algo que necesitamos saber sobre nuestro
propio lugar en las batallas a nuestro alrededor.

Creemos que solo estamos orando . . . arrodillados frente a nuestra cama con las manos juntas o con nuestros libros desparramados
frente a nosotros en la mesa de la cocina. Sentimos que estamos en
medio de una batalla que es más grande que nosotros. Nos preguntamos por qué no estamos viendo ni escuchando nada del cielo. Si

tal vez no estamos orando bien o si Dios está demasiado lejos para escucharnos. Nos preguntamos por qué no llegan las respuestas que anhelamos.

Daniel también pensaba que él solamente estaba orando. Había estado orando toda su vida y durante tres semanas completas había estado orando con más fervor que nunca. Sin embargo, apenas estaba comenzando a comprender la clase de guerra espiritual en la que estaba participando de rodillas: las batallas que se estaban librando; los reinos en conflicto aquí abajo en el globo terrestre y muy arriba, en una dimensión espiritual invisible; los soberanos terrenales que pensaban que tenían el control y aún más poderosos; seres demoníacos y angélicos invisibles; el pasado y el futuro. Y por encima de todo, incuestionablemente victorioso, estaba el Dios Altísimo. Daniel nunca había visto a su Dios irradiar un brillo y una gloria tan visibles, más imponente que cualquier adversario bestial, sin importar cuán intolerable o aterrador fuera.

> $\wedge$
>
> La batalla es real, pero el cielo gobierna. Y aunque parezca incomprensible, nuestras oraciones aquí en la tierra, frágiles y pequeños como somos, tienen un rol que desempeñar en su grandioso plan.
>
> $\vee$

Es la lección de mirar al cielo, seguir mirando y orar sin cesar.[4] La batalla es real, pero el cielo gobierna. Y aunque parezca incomprensible, nuestras oraciones aquí en la tierra, frágiles y pequeños como somos, tienen un rol que desempeñar en su grandioso plan.

TRES CONSIGNAS CLAVE PARA LA BATALLA

Al analizar estas cuatro visiones en la última mitad del libro de Daniel, veo varias cosas que Dios le comunicó mientras Daniel levantaba su mirada . . . y miraba. Estas tres consignas, pronunciadas sobre el fragor de las fuertes batallas continuas aquí en la tierra, infundieron a Daniel valor y consuelo en medio de todo el caos y el blandir de las armas enemigas. Harán lo mismo por ti y por mí si las escuchamos.

CONSIGNA CG #1: **"Te mostraré la verdad".**

Todos tenemos nuestros sentimientos. Todos tenemos nuestras necesidades y deseos sobre cómo nos gustaría que fuera nuestra vida. Sin embargo, al igual que con Mark y Michelle, la batalla a menudo es lo que nos motiva a mirar al cielo, en medio de condiciones mucho más difíciles de las que jamás hubiéramos imaginado y ver la verdad de otra manera, como quizás nunca nos hubiéramos tomado el tiempo de observar. Ver la verdad y que ella nos transforme, nos cautive, nos inspire, nos bendiga.

Satanás, el acérrimo enemigo de Dios y su pueblo, es el autor intelectual de las mentiras. Él miente, sus demonios mienten y también mienten las personas y las instituciones a través de las cuales operan en la tierra. Las mentiras vienen de todos los frentes. Son poderosas y dominantes, y comunican por el peso y el alcance de sus argumentos, que el gobierno eterno de Dios está vacante; que seguramente hay más verdad en lo que el mundo dice (a través de todo su orgullo, petulancia y contraposición), que en lo que Dios dice. Insiste en que "tu verdad" es lo que realmente importa.

Sin embargo, el ángel dijo a Daniel: "Te mostraré la verdad" (Daniel 11:2). Y nosotros también tenemos la Palabra Dios, que es la verdad que nos sostiene, nos sustenta, nos fortalece, nos afirma. La verdad es nuestro superpoder, nuestra arma en la batalla: "la espada del Espíritu, que es la palabra de Dios" (Efesios 6:17). En términos deportivos, es lo que usamos para jugar tanto de *defensa* como de *ataque*.

Sí, a veces nos sentimos exhaustos por la batalla y, sí, a veces nos duele profundamente. Sin embargo, después miramos al cielo y vemos a ese Hombre vestido de lino, y recalibramos nuestra vida de acuerdo con su verdad, como lo encontramos revelado en la Palabra viva y recibimos el aliento diario del Espíritu Santo que mora en nosotros. Y de alguna manera, en esa verdad, encontramos la fuerza para seguir batallando.

CONSIGNA CG # 2: **"Paz a vosotros, sed muy fuertes".**

"Al instante me faltó la fuerza —dijo Daniel— y no me quedó aliento" (Daniel 10:17). Llegó a un punto donde ya no podía batallar más. Sin embargo, el Señor le envió ayuda: el toque y las palabras de aliento del ángel: "La paz sea contigo; esfuérzate y aliéntate" (10:19).

La mayoría de nosotros no hablamos mucho de los ángeles en nuestra vida diaria debido a nuestra mentalidad occidental tan condicionada a lo que es natural, visible y explicable. Sin embargo, la Biblia aclara que los ángeles son reales: "espíritus ministradores, enviados para servicio a favor de los que serán herederos de la salvación" (Hebreos 1:14). Estos siervos de Dios se encuentran entre los muchos medios que Él tiene para hacer que nos llegue su paz y fortaleza.

Así que nunca pierdas la esperanza de recibir ayuda, incluso en tu momento más débil y sin aliento. "El cielo gobierna" no significa que Dios es un soberano impersonal, indiferente, insensible, ajeno a nuestras preocupaciones y crisis reales. Aunque Él es soberano y poderoso, aunque su gloria no tiene comparación, el Señor escucha y responde las oraciones de su pueblo y nos da paz y fortaleza.

Así como una madre se siente atraída por los llantos de su pequeño bebé indefenso, nuestro gran Dios se dispone a darnos consuelo y sustento al escuchar el sonido de nuestras oraciones hechas en medio de la batalla más feroz. Esas oraciones son el "grito de batalla" que al cielo le encanta escuchar; son las que mueven a nuestro Rey a enviar refuerzos sobrenaturales para pelear junto a nosotros la batalla.

CONSIGNA CG #3: **"Eres muy amado".**

Espero que esto no haya sido una novedad para Daniel. Y espero que tampoco sea una novedad para ti.

El ángel le dijo: "Al principio de tus ruegos fue dada la orden, y yo he venido para enseñártela, [¿*por qué?*] porque tú eres muy amado" (Daniel 9:23). No una, sino tres veces, Daniel recibió esta misma seguridad del ángel (ver 10:11, 19). Al parecer, Daniel necesitaba que se lo recordaran, al igual que tú y yo.

Desde la antigüedad, Dios dijo que eligió a Israel "para que le [sea] un pueblo único" (Deuteronomio 14:2). El pueblo de Dios es único para Él. Dios ama a su pueblo. Ya sea que sientas que es verdad o no, Él te ama, te escucha y responde tus oraciones.

Tú y yo atravesamos muchas dificultades en el curso de nuestra vida. Nos vemos obligados a soportar todo tipo de presiones humillantes y degradantes a causa de las batallas de este mundo, pero levanta tu mirada y recuerda quién eres. Las Escrituras dicen acerca de Jesús, que Él fue "piedra viva, desechada ciertamente por los hombres, mas para Dios escogida y preciosa" (1 Pedro 2:4). Puede que seas rechazado por las élites y los escarnecedores de este mundo; pero si estás en Cristo, a los ojos de Dios, eres "escogido y precioso". Dios dice a los suyos: *Te amo. Te escucho. Te conozco. Te cuido.*

Incluso en la presencia interminable y aterradora de un conflicto tan titánico, Dios quiere que siempre recuerdes que eres precioso para Él, que Él piensa de ti con ternura, y que eres muy amado.

"Así que nuestra familia se encontró en el lugar de Daniel", escribió mi amiga Colleen para finalizar su correo electrónico.

Hemos gritado de dolor. Hemos confiado en la compasión y la fidelidad de Dios. Nos hemos sentido agobiados, físicamente enfermos y emocionalmente cansados más allá de lo que jamás hemos conocido. También hemos sentido, en lo más profundo, que somos "muy amados" por Dios, incluso en medio del dolor.

Y concluyó con estas palabras:

>
>
> Mantente anclado en la verdad. Sé fuerte. Ten paz. Dios te ama.

Dios puede confiarnos noticias devastadoras, pero cuando Dios nos ama, tenemos todos sus infinitos recursos al alcance de la mano. Tenemos paz incluso cuando estamos temblando. Tenemos fuerza incluso en medio de una gran debilidad.

Este es el mensaje de Colleen y Daniel, que espero que te quede grabado en tu corazón.

Mantente anclado en la verdad.

Sé fuerte. Ten paz.

Dios te ama.

Sigue luchando.

CAPÍTULO OCHO

La perspectiva a largo plazo

Algún día, este mundo al revés será restaurado
a su condición original. Y nada en toda
la eternidad lo volverá a destruir.

—Randy Alcorn

EN LA PRIMAVERA DE 2020, cuando comenzaban a entrar en efecto los primeros confinamientos por COVID (¿lo recuerdas?), muchas personas famosas y no tan famosas recurrieron a las redes sociales para comunicarse con el mundo exterior. Una de ellas fue la actriz Gal Gadot, mejor conocida como la estrella de la película *La mujer maravilla*. Junto con una lista de sus amigos famosos más destacados, Gadot creó un video de YouTube destinado a levantar el ánimo de aquellos deprimidos por el miedo y la incertidumbre de los días que se avecinaban. Con cámaras selfi que capturaban el rostro de cada una de las personalidades en escenas de sus casas, jardines, vestidores y patios, el video reconstruía el canto, línea por línea, del himno de paz mundial de John Lennon *"Imagine"*.[1]

Conoces esa canción, ¿verdad? Desde que apareció por primera vez en 1971, ha sido difícil no escucharla. Sin embargo, ¿alguna vez has prestado atención a la letra? La canción de Lennon nos pide que visualicemos un mundo donde no hay un más allá, no hay un cielo que ganar ni un infierno que evitar. Nada por lo que vivir excepto el presente. Todo lo que hay es lo que podemos ver, oír, tocar y experimentar aquí y ahora.

La interpretación de Gadot de este clásico del rock me hizo pensar en las implicaciones de un mundo así, si fuera posible. ¿Cómo podría traer esperanza y consuelo a alguien en medio de una crisis imaginar que no hay un cielo arriba (y, por ende, no hay Dios)? ¿Cómo podría eso levantar el ánimo a alguien o darle esperanza?

Para mí, la idea misma de un mundo como tal es totalmente depresivo. Y no creo que sea la única que piense así a juzgar por la pandemia de ansiedad y depresión que nos envuelve hoy. Si realmente no hay cielo, o si el cielo es impotente para hacer algo acerca de lo que está sucediendo en la tierra, si alguien o algo que no es Dios gobierna en el cielo . . . realmente, no tenemos esperanza, ni consuelo.

Ante el mal y el dolor, nos vemos obligados a confiar en nuestra propia sabiduría, nuestra propia fuerza, nuestras propias estrategias. Nos quedamos solos, indefensos frente a las aguas que nos inundan.

Sin embargo, gracias a Dios (sí, *hay* un Dios arriba en el cielo), hay una opción mucho mejor. Y no es producto de nuestra imaginación. Es verdad.

En los últimos meses, he estado meditando en otra letra. A menudo, la recito cuando apoyo mi cabeza sobre la almohada por la noche; cuando me despierto durante la noche; antes que mis pies toquen el suelo por la mañana; a veces mientras me peino, preparo la cena o conduzco mi auto. Estas palabras, ahora entretejidas en la fibra de mi corazón, me han traído mucho ánimo y paz. Me han dado valor y fortaleza.

Vienen del Catecismo de Heidelberg, un documento didáctico publicado por primera vez en 1563. Organizado en el típico formato de preguntas y respuestas, que se usa para instruir a los creyentes y a sus hijos en los fundamentos de la fe cristiana, el catecismo comienza con una pregunta: "¿Cuál es tu único consuelo en la vida y en la muerte?".

Piensa en lo siguiente: hace más de cuatrocientos cincuenta años, la gente buscaba consuelo, tal como lo hace hoy. Todos buscamos consuelo cuando nos enfrentamos a los retos de la vida y la perspectiva de la muerte, no solo la muerte literal; sino la muerte de los sueños, las esperanzas, la seguridad, los planes, las relaciones y más.

Entonces, ¿cómo responderías esa pregunta? ¿Adónde recurres en busca de consuelo y esperanza cuando el mundo parece incontrolable, cuando tu vida no sale como esperabas? Tu respuesta es importante.

Esta es la respuesta que se encuentra en el Catecismo de Heidelberg. Vale la pena leer (y releer) estas antiguas palabras detenidamente.

P.: ¿Cuál es tu único consuelo en la vida y en la muerte?

R.: Que no soy mío, sino que pertenezco, en cuerpo y alma, en la vida y en la muerte, a mi fiel Salvador, Jesucristo.

Él ha pagado por completo todos mis pecados con su sangre preciosa y me ha librado de la tiranía del diablo. Él también me cuida de tal manera que ni un cabello puede caer de mi cabeza sin la voluntad de mi Padre que está en los cielos; de hecho, todas las cosas obran juntas para mi salvación.

Porque le pertenezco, Cristo, por su Espíritu Santo, me asegura la vida eterna, y me hace estar, de ahora en adelante, totalmente dispuesto y listo para vivir para Él.[2]

¿Nuestro único consuelo en la vida y en la muerte? Hay un Dios, que gobierna desde el cielo. Y porque Él gobierna, estamos libres de culpa y vergüenza por nuestro pasado; Él ordena y orquesta perfectamente nuestras circunstancias presentes, y nuestro futuro es brillante y prometedor.

Podemos estar en paz. Todo está bajo control. Siempre.

Imagínalo.

QUÉ ESPERAR

Difícilmente pase un día sin estar en contacto con una persona (o varias) que estén pasando por situaciones realmente difíciles. En algunos casos, tales pruebas parecen seguir y seguir, sin un final a la vista. Me vienen a la mente varios ejemplos recientes:

- una amiga que tuvo que mudarse de su hermosa casa después de años de una grave enfermedad crónica, que impedía a su esposo trabajar. Y puesto que ella necesitaba brindarle cuidados de enfermería todo el tiempo, eso los arruinó financieramente. (En un mensaje de texto, me dijo: "Nos hemos quedado, oficialmente, sin hogar").
- una pareja que ha pasado años cuidando a dos padres ancianos con demencia y graves problemas de salud.
- una mujer soltera de mediana edad que tuvo que dejar su carrera hace décadas para dedicarse al cuidado de su anciana madre viuda.
- una mujer soltera que siempre ha anhelado tener una familia, alguien a quien amar y servir, aunque ya pasó la edad de procrear.
- un hombre en medio de una demanda judicial compleja e interminable relacionada con un accidente fatal, que tuvo lugar en un inmueble de su propiedad.
- una pareja con dos hijos adultos que les están rompiendo el corazón con decisiones insensatas y destructivas.
- una mujer cuyo esposo anunció hace un par de años que ya no era cristiano. De repente dejó de ir a la iglesia con ella y no tiene ningún interés en nada de naturaleza espiritual, sin una razón real excepto decir que "todos allí son hipócritas" (Esta mujer ha permanecido con su esposo. Ella lo ama. Y es tan fiel al gobierno del cielo, que ha aceptado el llamado de vivir su fe en el hogar de una manera

que espera atraerlo de regreso a Jesús; pero no puede dejar de preguntarse cuánto tiempo más será así).

¿El denominador común en cada una de estas situaciones? Problemas prolongados sin ninguna solución evidente o alguna esperanza de cambio. Ante el dolor y los problemas, que parecen interminables, todas estas personas se han hecho las mismas preguntas. Quizás tú también te las hayas hecho:

- ¿Cuánto durará esto? (sea lo que sea *esto*)
- ¿Cómo va a terminar esto? (sea lo que sea *esto*)

No está mal hacernos estas preguntas y querer saber las respuestas. Daniel, con más de ochenta años, cuando recordó las pruebas que había soportado a lo largo de su vida y luego recibió estos mensajes de Dios sobre la persecución y opresión que aún vendría contra su pueblo en el futuro, se hizo las mismas preguntas:

- "¿Cuándo será el final de estas cosas . . . ?" (Daniel 12:6, RVA2015)
- "¿Cuál será el fin de estas cosas?" (12:8)

Queremos saber cuánto tiempo más. Sentimos que *necesitamos* saber cómo terminará todo. *¿Adónde va esto? ¿Cómo será la vida para mí dentro de un año, dentro de cinco años, dentro de diez años? ¿Estaré aquí?* Pensamos que el mundo sería muy diferente si tan solo pudiéramos saberlo. Cambiaría rotundamente la forma en que vivimos ahora.

Estamos cansados de imaginar.

Imaginar no ayuda, pero **CG** sí.

Imaginar no ayuda, pero CG sí.
"El cielo gobierna" es una gran parte de la respuesta a todo.

"El cielo gobierna" es una gran parte de la respuesta a todo.

No es una respuesta fácil. No es una respuesta que traiga una mejoría. Puede que no parezca una respuesta lo suficientemente específica a las preguntas dolorosas que te has estado haciendo y cómo afectará tu vida y tu familia.

Ahora bien, imagina si Dios no tuviera una respuesta para dar. Imagínate si el cielo no gobernara. Imagínate si nadie estuviera obrando sobre y en nuestras preguntas, si nadie estuviera obrando por adelantado y en respuesta a nuestras oraciones. Imagina la no existencia de Alguien que no solo sabe a dónde va todo, sino que activamente hace que todo confluya en ese lugar y llegará justo a tiempo. En su tiempo. En el momento perfecto. Aquel que nos conoce y nos ama, y nos está haciendo parte de esta gran historia que está escribiendo.

Sin embargo, no tenemos que imaginar cómo sería la vida sin el "gobierno del cielo", porque el cielo *sí* gobierna, incluso cuando no entendemos lo que sucede a nuestro alrededor y a nosotros.

Daniel quería entender. Una y otra vez rogó al cielo y a los mensajeros celestiales que lo ayudaran a comprender.

> Me acerqué a uno de los que asistían, y le pregunté la verdad acerca de todo esto (Daniel 7:16).

> Tuve deseo de saber la verdad (7:19-20).

> . . . yo Daniel consideraba la visión y procuraba comprenderla (8:15).

> Y yo Daniel quedé quebrantado . . . y no la entendía (8:27).

Y el Señor, lejos de estar molesto o indiferente a estas súplicas, no solo respondió al deseo de comprensión de Daniel, sino que en ocasiones le dio una explicación al menos parcial a través de sus mensajeros angélicos:

Gabriel, enseña a este la visión (8:16).

Yo te enseñaré lo que ha de venir (8:19).

Daniel, ahora he salido para darte sabiduría y entendimiento (9:22).

He venido para hacerte saber lo que ha de venir (10:14).

De modo que no es que a Dios le molesten estas preguntas o no esté dispuesto a responderlas. Él sabe por qué preguntamos; pero Él también sabe lo que necesitamos saber, y nos ha dado su Palabra y su Espíritu para que no estemos a ciegas. En su benevolencia, nos da lo que necesitamos incluso cuando se abstiene de darnos lo que no necesitamos; porque sabe que, si Él fuera un motor de búsqueda abierto, sus respuestas solo generarían más preguntas, disminuirían nuestra necesidad de fe y, de hecho, aumentarían nuestros miedos e inquietudes.

Dios nos conoce y sabe cómo gobernar nuestra vida y nuestro mundo, por eso, por nuestro propio bien, esas "palabras están cerradas y selladas hasta el tiempo del fin" (Daniel 12:9); cerradas y selladas excepto para decirnos que estamos siendo "limpiados, emblanquecidos y purificados" (12:10, RVA2015) a través de la vivencia diaria de todas estas incógnitas. Con la espera, es cómo Él nos está preparando (a nosotros, sus "santos") para poseer "el reino hasta el siglo, eternamente y para siempre" (7:18).

En otras palabras, cuando Él dice: "Sé algo que tú no sabes", no lo dice con un gesto de presunción; sino con un guiño paternal, como si nos dijera con entusiasmo "solo espera". Y mientras esperamos, por más difícil que sea la espera, podemos estar seguros de que *Él* sabe cuánto durará nuestra circunstancia y cómo terminará.

A decir la verdad, va a terminar incluso mejor de lo que imaginamos.

LA MÁXIMA HISTORIA DE ÉXITO

Al estudiar esta segunda mitad del libro de Daniel, mi intención ha sido mantener un plano lejano. Hay muchas cosas que no sabemos, o solo podemos especular con un plano mucho más cercano. Sin embargo, incluso desde un plano lejano, sin poner nombres a cada uno de los malvados actores que juegan un papel en estas profecías, Dios nos proporciona varias señales clave que difícilmente podrían ser más claras.

Aquí hay cuatro recordatorios importantes que han tranquilizado mi corazón mientras me sumergía en la última parte del libro de Daniel.

Lee Daniel 7 una vez más. ¿Qué encuentras en este pasaje que puede alentarte en medio de cualquier circunstancia difícil de tu vida (o de la de alguien que conoces) que parece no tener fin? Ahora mantén tu Biblia cerca mientras volvemos sobre este conjunto dispar de terrenos, estas imágenes proféticas que asustaron tanto a Daniel al principio, y busca detalles que quizás no hayamos notado la primera vez. Veamos si la presión de nuestras propias batallas y la generalización de todo este conflicto en el mundo podrían haber estado nublando las respuestas que Dios ya nos ha dado para traernos nuestro consuelo y valor.

RECORDATORIO CG #1: **Hay un final.**

Mira nuevamente esa cuarta bestia de Daniel 7, la que tiene cuernos, dientes, garras y una voz desafiante que hablaba arrogancias, la que "hacía guerra contra los santos, y los vencía" (7:21). Bien, esa última descripción es cierta. Esa horrible bestia "vencía" al pueblo de Dios; los *estaba* dominando y derrotando *hasta* que . . . Daniel 7:22 dice claramente que eso sucedió solo "*hasta* que vino el Anciano de días, y se dio el juicio a los santos del Altísimo".

Cómo me gusta esa palabra *hasta*. Lo que representa me pone la piel de gallina a veces. Pienso en ti y en mí y en nuestras numerosas batallas agotadoras, pero también en los lugares de este mundo donde los "santos" de Dios están siendo abiertamente hostigados y perseguidos, y vergonzosamente tratados a causa de gobernantes injustos e impíos.

¿Cuánto tiempo durará esto? *Hasta* . . .

Hay un "hasta" para cada una de nuestras pérdidas, sufrimientos y agravios. Todos estos terrores y atrocidades tienen permiso para continuar *hasta* que "[se siente] el Juez, y le [quiten] su dominio [el del enemigo que nos oprime] para que sea destruido y arruinado hasta el fin" (7:26).

¿Escuchaste eso? Sí, un día el Anciano de días hará justicia, y el Juez justo de toda la tierra dictará el veredicto ("¡Culpable!") a todo gobernante anticristo cruel y arrogante, a los instigadores de todo conflicto. Su poder llegará a su fin, y comenzaremos a reinar con Cristo para siempre.

Mientras tanto, por supuesto, habrá "guerra" (Daniel 9:26). De hecho, uno de estos belicistas, dice el libro de Daniel, "destruirá la ciudad y el santuario" (9:26); una profecía que, desde una perspectiva cercana, se cumplió cuando los romanos destruyeron nuevamente Jerusalén y su templo en el año 70 d.C. Desde una perspectiva lejana, habla de la actividad destructiva del anticristo, que aún está por llegar al final de la era. Y entre tales perspectivas, cercana y lejana, los enemigos de Dios escupen implacablemente su veneno contra los santos.

> ∧
>
> ¿Cuánto tiempo durará esto? Hasta . . . Hay un "hasta" para cada una de nuestras pérdidas, sufrimientos y agravios.
>
> ∨

Sin embargo, la violencia y el sacrilegio infligidos por estos adversarios solo continuarán . . .

hasta que venga la consumación, y lo que está determinado se derrame sobre el desolador (9:27).

Está decretado. La destrucción y la desolación que estos malhechores han derramado sobre otros, un día se derramará sobre ellos. Serán aniquilados.

RECORDATORIO CG #2: **Hay un momento.**

El cielo no gobierna solo en un sentido general. El fin del dominio del mal no es algo que, si bien es cierto en teoría, todavía se está negociando en un comité cuando será el momento exacto en que sucederán las cosas. No. El final no solo está cerca; el final está determinado. Ya está en el calendario. En tinta. En sangre. El reloj está en marcha, y las agujas que marcan la hora ya han sido programadas para detenerse en la hora señalada.

Para tener una idea más clara de este punto, hojea el libro de Daniel y resalta cada aparición de las palabras *tiempo* o *tiempos*.

El final no solo está cerca; el final está determinado. Ya está en el calendario. El reloj está en marcha, y las agujas que marcan la hora ya han sido programadas para detenerse en la hora señalada.

Una de las cosas que a menudo queda en la mente de las personas cuando piensan en los últimos capítulos de Daniel es que estas profecías incluyen una serie de períodos de tiempo específicos, aunque crípticos. El ángel que habló con Daniel en el capítulo 9, por ejemplo, dijo:

Setenta semanas están determinadas sobre tu pueblo (9:24).

Este lapso de setenta semanas se divide en "siete semanas" más "sesenta y dos semanas" (9:25) más "otra semana", e incluso se menciona algo que sucederá "a la mitad de la semana" (9:27).

¿Qué rayos significa todo eso? Y qué significan esas referencias a "tiempo, tiempos, y la mitad de un tiempo" (Daniel 7:25; 12:7)?

Gran parte de este acertijo nos parece intrigante y confuso, pero esto es lo que está claro: en la mente de Dios, el plan ya está determinado y cuidadosamente programado.

No puedo decirte lo que implica cada parte de esta cronología, porque simplemente no lo sé. Ningún humano lo sabe con certeza, pero el hecho de que las matemáticas se utilicen como un dispositivo de enseñanza en estas descripciones nos dice todo lo que necesitamos saber. Dios, que es el máximo matemático, tiene una respuesta exacta a nuestras preguntas de "cuánto tiempo". Todas las coordenadas han sido establecidas. Se han dibujado todas las líneas rectas, curvas y parábolas. Tu batalla y la mía terminan . . . *¡justo allí!* Su dedo ya ha señalado el lugar preciso.

Así que cuando las Escrituras señalan "llegó el tiempo" (Daniel 7:22) para que el Juez gobierne y su pueblo sea vindicado, está hablando del tiempo perfecto de Dios, su tiempo establecido, su "tiempo señalado"; una frase que aparece a lo largo de estas profecías (ver Daniel 8:19; 11:27, 29, 35).

Nuestro enemigo podrá prevalecer sobre nosotros por un tiempo. ¿Cuánto tiempo? "Hasta que sea consumada la ira" (11:36). En otras palabras, tú y yo y todo el resto del pueblo de Dios seguiremos enfrentando luchas y oposición a medida que avancemos en la vida, tal vez incluso hasta nuestra misma muerte. No obstante, la promesa de Dios es que seremos "depurados y limpiados y emblanquecidos" a través de esas pruebas (11:35).[3] Y nada puede impedir que nuestra liberación y la destrucción de todos los enemigos llegue "en el tiempo señalado" (11:35, RVA2015).

Trato hecho. Campana final. Dios controla el reloj del juego. Y en el mismo instante en que la aguja marque la hora señalada, nuestra espera de respuestas habrá terminado.

RECORDATORIO CG #3: **Hay un ganador.**

No creo que sea ninguna coincidencia que la bestia de la primera visión de Daniel fuera "como un león" (Daniel 7:4). Me pregunto si, años más tarde, una de las razones por las que no tuvo temor en el foso de los leones, como debería haber tenido, es porque ya había visto un león, un oso, un leopardo y cualquier carnívoro que fuera la cuarta bestia; y las había visto a todas encontrarse con su contrincante inmortal una noche mientras estaba acostado en la cama, mirando.

> Estuve mirando hasta que fueron puestos tronos, y se sentó un Anciano de días, cuyo vestido era blanco como la nieve, y el pelo de su cabeza como lana limpia; su trono llama de fuego, y las ruedas del mismo, fuego ardiente. Un río de fuego procedía y salía de delante de él; millares de millares le servían, y millones de millones asistían delante de él; el Juez se sentó, y los libros fueron abiertos (Daniel 7:9-10).

Daniel estaba mirando al cielo (como tú y yo podemos vislumbrar el cielo a través de descripciones como esta y otras que Dios nos ha dado en su Palabra). Y alrededor del trono de Dios en el cielo vio fuego. Llamas de fuego. Fuego ardiente. Un río de fuego. Había fuego por todas partes.

El fuego es un símbolo de pureza intensa. El fuego de Dios es lo que nos purifica para que nosotros, a pesar de ser tan profanos e impuros, podamos estar en su presencia y no ser aniquilados. Necesitamos su fuego. Necesitamos su limpieza y purificación, porque nada (ni nadie) corrompido, contaminado o impuro puede sobrevivir en la presencia del Dios santo.

Sentado en un trono en medio de ese fuego ardiente cuyas llamas no se consumían, estaba sentado el Gobernante eterno y Soberano del universo, el Juez supremo de la Corte Suprema del cielo. Miríadas de huestes angélicas lo servían, listas para llevar a cabo su voluntad y ejecutar su justo juicio sobre la tierra.

Esa es la visión celestial, pero sigamos la mirada de Daniel otra vez sobre la tierra, después de haber visto el poder de Dios en una exhibición tan asombrosa. Y traigamos el gobierno del reino de Dios a nuestro propio visor óptico mientras miramos a nuestro alrededor y nos angustiamos por la altivez de los líderes humanos de nuestros días. Sigue mirando como lo hizo Daniel:

> Yo entonces miraba a causa del sonido de las grandes palabras que hablaba el cuerno; miraba hasta que mataron a la bestia, y su cuerpo fue destrozado y entregado para ser quemado en el fuego (7:11).

Celebremos la victoria. Esas bestias, nuestras bestias, tienen "hasta cierto tiempo" (7:12). No sabemos cuánto tiempo puede ser. Solo Dios sabe, pero podemos estar seguros de que su tiempo es limitado, su derrota es segura y que nuestro Dios se encargará de su destrucción, y lo hará personalmente a través de su Hijo.

Daniel también vio esto, mientras miraba:

> Miraba yo en la visión de la noche, y he aquí con las nubes del cielo venía uno como un hijo de hombre, que vino hasta el Anciano de días, y le hicieron acercarse delante de él. Y le fue dado dominio, gloria y reino, para que todos los pueblos, naciones y lenguas le sirvieran; su dominio es dominio eterno, que nunca pasará, y su reino uno que no será destruido (7:13-14).

Qué conmovedor recordatorio de que el infierno puede ser intimidante, pero el cielo gobierna, y gobernará para siempre.

Sin embargo, eso nos lleva otra vez a la pregunta de "cuánto tiempo". ¿Cuánto tiempo tendremos que esperar para que todo eso suceda? ¿Cuánto tiempo falta para que el mal sea derrotado y toda la creación se incline y reconozca a Dios como el Rey indiscutible del universo?

Un conocido cántico espiritual afirma que será pronto:

Pronto acabarán los problemas de este mundo . . .
No habrá más llanto ni dolor . . .
Y viviré con Dios.[4]

Ahora bien, ¿cuándo es "pronto"? ¿Cuánto tiempo falta para que se acaben los problemas de este mundo? ¿Cuánto falta para que no haya más llanto ni dolor? Hasta los ángeles quieren saberlo. Oímos a uno de ellos preguntar en Daniel 8:

¿Hasta cuándo durará la visión del continuo sacrificio, y la prevaricación asoladora entregando el santuario y el ejército para ser pisoteados? (8:13).

Buena pregunta. ¿Hay una respuesta?

Sí, y está marcado en el calendario de Dios: "Hasta dos mil trescientas tardes y mañanas; luego el santuario será purificado" (8:14). No estoy segura de cuándo será eso. Tampoco tú lo sabes, pero esto es lo que sí sabemos: Dios lo tiene perfectamente cronometrado. Y cuando llegue ese momento, nuestro enemigo será destruido. "Será quebrantado, aunque no por mano humana" (8:25). La misma piedra, que se desprendió del monte y redujo a polvo la estatua de Nabucodonosor, "no con mano" (Daniel 2:45), aplastará a todos los enemigos, ganará todas las batallas y silenciará a todos los acusadores.

. . . destruido y arruinado hasta el fin (Daniel 7:26).

Y luego . . .

que el reino, y el dominio y la majestad de los reinos
debajo de todo el cielo, sea dado al pueblo de los
santos del Altísimo, cuyo reino es reino eterno, y todos los
dominios le servirán y obedecerán (7:27).

Hay un claro ganador. Todos los gobernantes depondrán sus armas y se inclinarán ante el Rey del cielo. Y vamos a ganar con Él, porque . . .

RECORDATORIO CG #4: **Hay un Salvador.**

¿Por qué crees que Dios preservó historias de la Biblia como la de Sadrac, Mesac y Abed-nego y su liberación del horno de fuego? ¿O como la de Daniel y su liberación del foso de los leones? ¿Lo hizo para dejar la impresión de que siempre estará pronto a librarnos de cualquier problema que enfrentemos y sacarnos de él sanos y salvos?

No creo que tus experiencias de vida y las mías lo confirmen. Vivimos bajo la protección de Dios y su gobierno, pero sin duda los problemas pueden atravesar la puerta. Y a veces parece que llegan para quedarse, sin importar cuán fervientemente oremos por nuestra liberación.

Sin embargo, la liberación que más necesitamos (como nos lo deja claro una visión correcta de Dios) es ser rescatados de la justa ira de Dios por nuestro pecado. Ese es el horno de fuego, la boca del león hambriento, que ni siquiera la muerte puede librarnos de eso. Y ese juicio es algo que todos merecemos.

No obstante, Dios en su bondad, gracia y misericordia (Dios, que es el único que tiene el derecho y la autoridad para hacerlo) nos ha dado un Libertador: Jesucristo. Y estas historias de Daniel, escritas muchos años antes de la aparición de Jesús en la tierra, nos comunican esta buena noticia del evangelio, sin la cual ninguno de nosotros puede ser salvo.

"Hemos pecado", oró Daniel en el capítulo 9 en nombre de sí mismo y de su pueblo. Además: "hemos cometido iniquidad, hemos hecho impíamente, y hemos sido rebeldes, y nos hemos apartado de tus mandamientos y de tus ordenanzas" (Daniel 9:5). "No hemos obedecido" (9:6); "no obedecimos a la voz de Jehová nuestro Dios" (9:10). Hemos "[traspasado] tu ley [apartándonos] para no obedecer tu voz" (9:11). "No hemos implorado el favor de Jehová nuestro Dios, para convertirnos de nuestras maldades y entender tu verdad" (9:13).

Daniel nunca rehuyó hacer una evaluación sincera de su propio pecado y del pecado de su pueblo. Sabía muy bien lo que se merecían, pero aun así le rogó a Dios que fuera misericordioso, que "escuchara y actuara" en su favor y les diera una salida. Dios escuchó. Y prometió actuar. Mientras Daniel todavía estaba orando y derramando su corazón ante Dios, el Señor envió a su mensajero Gabriel para que le diera "entendimiento" (Daniel 9:22) de su plan redentor en desarrollo:

> Setenta semanas están determinadas sobre tu pueblo y sobre tu santa ciudad, para terminar la prevaricación, y poner fin al pecado, y expiar la iniquidad, para traer la justicia perdurable (9:24).

El ángel también habló de un "Mesías Príncipe" que gobernaría por un tiempo y luego se le "quitará la vida" (9:26) después de "siete semanas, y sesenta y dos semanas" (9:25). Los estudiosos de la Biblia, en su mayoría, están de acuerdo en que las "semanas" a las que se hace referencia en Daniel 9 son semanas de años, cada "semana" representa siete años. Entonces, "siete semanas, y sesenta y dos semanas" serían cuatrocientos ochenta y tres años, correlacionados (depende de cómo se cuenten) con el período de tiempo entre el regreso de los exiliados a Jerusalén y la muerte de Cristo en las afueras de Jerusalén.

Sin embargo, ¿qué pasa con las "setenta semanas" descritas en el versículo 24? Muchos intérpretes conservadores de la Biblia creen que la septuagésima "semana" de este período, el último período de siete años en la gran historia de la redención de Dios, aún está por llegar y se cumplirá al final de la era que culminará con el regreso de Cristo.

Ahora bien, de nuevo, no tenemos que obsesionarnos con los números. No tenemos por qué saber el cronograma exacto. Solo necesitamos saber que estos números tienen perfecto sentido en la mente de Dios. Él es el único que necesita conocerlos porque Él es el que está a cargo de ellos.

Mientras tratas de entender este complejo pasaje, no pases por alto el punto principal del mensaje del ángel, enviado en respuesta a la ferviente oración de confesión e intercesión de Daniel: Dios ha prometido poner fin al pecado, a nuestro pecado, y a todo lo que el pecado nos ha hecho, y marcar el comienzo de un nuevo orden mundial donde no exista ningún tipo de pecado. Y Él lo está haciendo todo a través de su Hijo, Jesús.

¿Qué mayor esperanza podríamos tener?

La Biblia es clara en que habrá un día cuando la obra de redención de Cristo en nuestras vidas y en el mundo estará completa. Ese día, el ángel le dijo a Daniel, el tribunal del cielo se reunirá, los libros serán abiertos (Daniel 7:10) y "todos los que se hallen escritos en el libro" serán libertados (12:1).

El libro de Apocalipsis describe, en esencia, la misma escena del "libro de la vida del Cordero que fue inmolado" (Apocalipsis 13:8). Todos aquellos cuyos nombres se encuentran inscritos en ese libro (aquellos que han puesto su fe en el sacrificio de Jesús por sus pecados) serán librados de la condenación eterna de los no redimidos que no se arrepientan.

Daniel oró para que llegara ese día cientos de años antes que Cristo apareciera en la tierra, antes de su ministerio, crucifixión y resurrección, y miles de años (solo Dios sabe exactamente cuántos) antes de los acontecimientos finales descritos en sus visiones. Así que nunca pienses, cuando estés orando, que tus oraciones no están llegando a ninguna parte. Dios envió un ángel a Daniel para informarle que Dios había escuchado su oración y que haría lo que Daniel le estaba pidiendo. De hecho, Él ya lo estaba haciendo en un momento muy específico. Y su plan para la redención de su pueblo todavía se está desarrollando hoy.

¿Cuánto tiempo? Él lo sabe.

¿Cómo terminará? *Nosotros* lo sabemos.

La historia de Daniel, como todas las historias, muestra tanto nuestra necesidad de un Salvador como la fidelidad de Dios en darnos la salvación. Y su historia, mi historia también, nos lleva directamente a su trono.

Él gana, salva, gobierna.

El cielo gobierna.

Y así resistimos porque Él ya nos rescató. Nos aferramos a la fe, porque Él ya nos ha prometido que lo veremos. Oramos: "Venga tu reino. Hágase tu voluntad, como en el cielo, así también en la tierra" (Mateo 6:10) porque sabemos lo que se hace en el cielo: la voluntad de Dios, en el tiempo de Dios, con la victoria eterna de Dios. Y gracias a Cristo, por la fe, ya estamos viviendo en esa victoria, incluso mientras esperamos, velamos y oramos aquí en este mundo quebrantado.

HASTA EL FIN

A Daniel se le dijo, en referencia a las espeluznantes profecías que había visto, que . . .

> desde el tiempo que sea quitado el continuo sacrificio hasta la abominación desoladora, habrá mil doscientos noventa días. Bienaventurado el que espere, y llegue a mil trescientos treinta y cinco días (Daniel 12:11-12).

No puedo hacer los cálculos en mi cabeza tan rápido, pero ¿qué rayos significa esto?

Lo que significa para mí es que puedo esperar. Tú y yo podemos esperar. Dios está obrando, así que podemos esperar. El tiempo de Dios es perfecto, así que podemos esperar, y lo haremos. De hecho, si esperamos en Él, incluso con todas las circunstancias a nuestro alrededor que deseamos que se apresuren a su fin, Él ha prometido hacernos felices y bienaventurados. Mientras esperamos.

El Salmo 112 nos lo promete:

¡Bienaventurado el hombre que teme a Jehová . . .
Por lo cual no resbalará jamás;
En memoria eterna será el justo.
No tendrá temor de malas noticias;
Su corazón está firme, confiado en Jehová.
Asegurado está su corazón; no temerá,
Hasta que vea en sus enemigos su deseo
(vv. 1, 6-8).

Puedo vivir con eso. Puedo esperar, sabiendo eso. ¿Tú puedes?
Porque esta es la vida desde una perspectiva a largo plazo, tal cual la
experimentamos a corto plazo.

Mi corazón quedó cautivado por primera vez con este tema de
"el cielo gobierna" hace algunos años, cuando pasé meses escribiendo en mi diario el libro de Daniel. Cuando llegué a los capítulos finales, me encontré leyendo visiones apocalípticas extensas
y detalladas, tratando de comprender lo que Dios pretendía que
Daniel (y nosotros) entendiéramos de ellas. Así es como finalmente
resumí esos capítulos. Es lo que me da la fuerza y la esperanza
que necesito para seguir adelante hoy, mañana y todos los días . . .
hasta ese día.

Gobernantes poderosos
Agresivos, arrogantes
La verdad es pisoteada
Las mentiras prevalecen
Santos perseguidos
El santuario profanado

¡¿Hasta cuándo?!
Dios lo sabe

Malhechores derrotados
El santuario restaurado
Dios gana
El fin
El cielo gobierna
Para siempre.

CAPÍTULO NUEVE

Estrellas que resplandecen intensamente

El cielo gobierna,
y rocía nuestras vidas con admiración en el trayecto.

—Dawn Wilson

AHORA ESTÁ CLARO; estoy segura de que el tema de este libro me apasiona. "El cielo gobierna" ha impregnado mi forma de pensar y mi visión del mundo, mi forma de encarar todos los días de mi vida, tanto como "Dios es amor" y "Jesús salva". Espero que estés experimentando lo mismo.

Una vez que comiences a buscar recordatorios de que el cielo gobierna, empezarás a verlo en todas partes. Estarás leyendo la Biblia, y allí estará: otro versículo **CG**, otra observación **CG**. Escucharás una cita textual que te guste, tal vez en un sermón o en un pódcast, y luego notarás que allí está de nuevo. Algo que habla del gobierno del cielo, ya sea la necesidad de tenerlo o su realidad.

Luego, un meteorólogo en el noticiero de la televisión atribuye el clima de ese día, ya sea su belleza o su intensidad, a la tarea de la "madre naturaleza". Y respondes con *¿Qué?* ¡No! Porque ahora eres alguien que tiene muy presente que "el cielo gobierna".

Escuchas las cosas de otra manera. Ves las cosas de otra manera.

Más importante aún, respondes a las cosas de otra manera.

Como lo hizo Daniel.

Él se dio cuenta de que ninguna situación terrenal tenía *solo* una explicación terrenal, lo que significaba que cada situación terrenal requería más que una típica respuesta terrenal. Un rey humano, por ejemplo, podría ordenar la ejecución de Daniel; pero ningún rey humano podía ordenar la reacción de Daniel o cambiar sus creencias y prioridades. Solo Dios podía hacer eso.

El cielo gobernaba el mundo, así que el cielo gobernaba a Daniel.

Así pues, que el cielo nos gobierne, que el *Dios* del cielo nos gobierne. Esto es lo que nos llenará de valor y consuelo en medio de todo el caos y las batallas que enfrentamos aquí en la tierra.

Daniel 12 es un capítulo breve que concluye con la visión final de Daniel. Lee este capítulo y resalta cada referencia al "fin". ¿Qué precede al fin de los tiempos? ¿Qué esperanza recibió Daniel acerca del fin? ¿Y qué motivación recibió para vivir hasta entonces?

PLAN DE ACCIÓN CG

$\wedge$

"El cielo gobierna" es una teología activa. Va con nosotros en nuestro día. Lo empacamos para el camino. Lo guardamos en nuestro equipaje de mano. Lo sacamos y lo usamos todo el tiempo.

$\vee$

"El cielo gobierna" es una teología activa. No es algo escondido en una carpeta de nuestro sistema de archivo mental o doctrinal. Va con nosotros en nuestro día. Lo empacamos para el camino. Lo guardamos en nuestro equipaje de mano. Lo sacamos y lo usamos todo el tiempo.

Será mejor que lo hagamos, porque ciertamente están actuando contra nosotros.

Volviendo a Daniel 11, donde se describen las próximas acciones y estrategias de Antíoco Epífanes (y por extensión, las acciones y estrategias de otros gobernantes del anticristo y el máximo anticristo aún por venir), leemos cómo este enemigo concentraría la mayor parte de su ira contra el pueblo de Dios (Daniel 11:28-35). "Volverá y se enfurecerá contra el pacto santo y actuará contra él" (11:30, NBLA).

"Actuará". ¿Puedes sentir la fuerza de esas acciones que se están haciendo hoy contra nosotros y contra nuestros hermanos y hermanas en todo el mundo? Ocurre día tras día, acciones interminables y desgastantes contra la verdad y contra los que aman la verdad.

Entonces, ¿estamos imposibilitados de hacer algo al respecto? ¿Solo resistimos? ¿Tener presente que "el cielo gobierna" nos lleva a una respuesta pasiva e inactiva frente al mal?

En realidad, hay algo que podemos hacer. Algo que *haremos* si conocemos al Rey de los cielos. Sí, los enemigos de Dios actúan contra el pueblo de Dios. Sin embargo, las Escrituras señalan: "el pueblo que conoce a su Dios se esforzará y actuará" también (11:32).

No de la misma manera que nuestros adversarios. Sin rencores ni expresiones violentas, sin proferir epítetos en las redes sociales, sin devolver mal por mal, sin confiar en los partidos políticos ni poner nuestra esperanza en el último candidato prometedor.

> Pues aunque andamos en la carne, no militamos según la carne; porque las armas de nuestra milicia no son carnales, sino poderosas en Dios para la destrucción de fortalezas (2 Corintios 10:3-4).

Entonces, en lugar de actuar "según la carne", tomamos en serio la seguridad de las Escrituras de que "el cielo gobierna" y que, al final, Dios gana. Y luego dejamos que esa perspectiva configure nuestra forma de pensar, responder e interactuar en este mundo.

¿Cómo es eso? Aquí hay diez conclusiones de la vida de Daniel que serán evidentes en nosotros si realmente creemos que el cielo gobierna:

CONCLUSIÓN CG #1: **Resolvemos vivir como personas santas de un Dios santo en lugar de adaptarnos a la cultura que nos rodea.** El gobierno del cielo significa que la verdad de Dios es tanto constante como eterna. Por el contrario, las opiniones públicas y las políticas cambian con el tiempo y pueden presionarnos para cambiar nuestras normas también. Sin embargo, las personas **CG** permanecen ancladas en la Palabra de Dios como su guía para toda la vida.

Recuerda que Daniel, incluso cuando era adolescente, resolvió que no se contaminaría con los requisitos del programa del rey de ninguna manera que se desviara de lo que su conciencia le permitía. Él y sus amigos estaban dispuestos a ir contra la corriente en lugar de ir a la par de la corriente dominante para ganarse la aceptación halagadora de quienes los rodeaban. La devoción al Altísimo era su principal motivación. Que así sea en nosotros hoy.

CONCLUSIÓN CG #2: **No entramos en pánico ni nos desesperamos cuando los enemigos de Dios parecen estar ganando, cuando suceden cosas malas, cuando nuestras libertades se ven amenazadas o cuando nos dejan sin consuelo.**

"¡Señor, nuestro mundo está al revés!" fueron las palabras de mi esposo mientras orábamos antes de acostarnos una noche no hace mucho tiempo. Es cierto. Nuestro mundo está realmente al revés. El mundo de Daniel también estaba al revés. Y, aunque detesto decirlo, es casi seguro que nuestro mundo permanecerá al revés hasta que Jesús venga a restaurarlo a su condición original y nos dé "una tierra nueva" (Apocalipsis 21:1).

Entre ahora y entonces, el mal seguirá sin control, los problemas nos abrumarán, la moral irá en declive, la edad y la enfermedad harán su efecto en nosotros. Sin embargo, el cielo aún gobierna, y podemos vivir con esa seguridad. Por consiguiente, podemos caminar con calma y contentamiento a través de circunstancias que hacen que otras personas vivan nerviosas.

No estoy diciendo que nuestras emociones nunca estallarán. Lo harán y lo hacen, pero mantener una perspectiva del "gobierno del cielo" nos recuerda lo que es verdadero y decisivo, tranquiliza nuestros corazones ansiosos y nos protege de entrar en pánico frente a las convulsiones de este mundo presente.

CONCLUSIÓN CG #3: **Renunciamos a tratar de controlar a las personas y las circunstancias.**

Las personas que no están convencidas de que el cielo gobierna tienden a pensar que les corresponde hacer la tarea que es de Dios. Sin embargo, puede convertirse en una enorme carga jugar a ser Dios. ¡Y qué bendición saber que no se nos requiere tal cosa! La presión para cambiar a las personas, la insistencia para que se escuche nuestra voz, la manipulación para ganar tiempo y ventaja ya se han ido. Considera que su reinado ya tiene su fin. Tú y yo podemos vivir sin todas esas cosas, una vez que verdaderamente creemos que nuestro Dios gobierna desde el cielo y dispone todas las cosas según sus propósitos superiores. En lugar de hacer esfuerzos en vano para que otros se muevan a nuestra velocidad y en nuestra dirección, podemos confiar en Él. Así permanecemos en nuestro lugar y . . .

> Puede convertirse en una enorme carga jugar a ser Dios. ¡Y qué bendición saber que no se nos requiere tal cosa!

CONCLUSIÓN CG #4: **Oramos.**

De todas las cosas para aprender y practicar de Daniel, esta puede ser la más poderosa y más necesaria. Daniel, habitualmente, "[volvía su] rostro a Dios el Señor, buscándole en oración" (Daniel 9:3). Si creemos que el cielo gobierna, este será también nuestro hábito. Si hay un Dios que gobierna, como creía Daniel y como creemos nosotros, ¿por qué no acudiríamos a Él en busca de ayuda y respuestas en lugar de acudir al gobierno, los tribunales, las elecciones o cualquier otra cosa?

Si has estado buscando aliento y un impulso para sumergirte en la oración con más profundidad y fervor, entonces una perspectiva de que "el cielo gobierna" podría ser justo lo que necesitas. Mirar la vida a través de la lente **CG** hace que casi cualquier cosa, que no sea orar, parezca improductiva en comparación.

CONCLUSIÓN CG #5: **Vivimos como personas esperanzadas, no como personas indignadas.**

Cuando la gente observa a la iglesia y a los cristianos, me temo que a menudo nos ven trabajando muy duro para ganar la aceptación y la aprobación de la sociedad o haciendo mucho ruido desagradable y ofensivo en oposición al mundo. Sin embargo, el principio **CG** nos protege contra cualquiera de los extremos errados.

¿Abandonamos la verdad bíblica por el barco naufragante de la adaptación cultural? Por supuesto que no, pero ¿debemos expresar nuestras frustraciones apaleando a otras personas que, sí, son caídas y pecadoras (como nosotros, si no tenemos a Cristo), pero que también necesitan desesperadamente la misericordia de Dios? En absoluto.

La Palabra de Dios, a pesar de la condición del mundo, nos da la esperanza de que Él está obrando y que sus caminos prevalecerán sin la necesidad de atacar a otros pecadores con la verdad.

CONCLUSIÓN CG #6: **Servimos a Dios fielmente donde Él nos ha colocado.**

En Daniel 8, leemos acerca de una visión intensa que dejó a Daniel "quebrantado, y . . . enfermo algunos días" (v. 27). El versículo continúa diciéndonos lo que hizo a continuación: "Y cuando convalecí, atendí los negocios del rey".

¿Captaste eso? Daniel volvió a trabajar en Babilonia y a servir a un rey pagano. Ninguno de sus jefes o las administraciones bajo las que trabajaba compartían su sistema de creencias. La gente a su alrededor buscaba abiertamente socavar su influencia. Contaba con poco apoyo emocional o espiritual de los demás. Y, sin embargo, aportó valor a todos los ámbitos donde sirvió. Mostró respeto por los líderes, incluso cuando sus expectativas eran caprichosas e irrazonables. Dios lo había puesto allí en Babilonia, y allí representaba al reino de su Dios.

Sí, estaba agobiado por los acontecimientos angustiosos que, había descubierto, caerían sobre la tierra en los años venideros. Y estaba muy consciente de que Babilonia y todos los demás reinos terrenales que vendrían, finalmente, se derrumbarían y se convertirían en nada. Sin embargo, mientras tanto, cumplía fielmente la obra que Dios le había encomendado al servicio del rey, con la certeza de que, al fin de cuentas, estaba sirviendo al Rey del cielo.

Vivimos en un mundo caído y trabajamos en sistemas humanos que están destinados al fracaso. Están sucediendo cosas sumamente perturbadoras a nuestro alrededor y, a veces, podemos sentirnos abrumados y enfermos por todo eso. Sin embargo, Dios es quien nos ha colocado en nuestra situación actual, y nosotros debemos servir dondequiera que Él nos haya colocado (en nuestros lugares de trabajo, escuelas, vecindarios y naciones) y, mientras tanto, mantener nuestros corazones firmemente anclados en el cielo y aferrados a la esperanza de que los propósitos y las promesas de Dios se cumplirán.

En lugar de condenar nuestra situación, veamos cómo se ven la fidelidad y la integridad en ella. Este es un testimonio **CG**.

> Dios es quien nos ha colocado en nuestra situación actual, y nosotros debemos servir dondequiera que Él nos haya colocado (en nuestros lugares de trabajo, escuelas, vecindarios y naciones) y, mientras tanto, mantener nuestros corazones firmemente anclados en el cielo.

CONCLUSIÓN CG #7: **Resistimos el orgullo y buscamos la humildad.**
Analiza todas las ideas falsas sobre el gobierno del cielo (las razones por las que luchamos contra él o nos cuesta creerlo) y descubrirás que el orgullo siempre ocupa un lugar destacado en la lista de factores contribuyentes. Dependemos de nuestro orgullo para defendernos, protegernos y evitar que otros se aprovechen de nosotros. Sin embargo, ser libres del orgullo (como **CG** nos permite serlo) nos libera de numerosas cosas que funcionan en contra de nosotros: barreras relacionales, ansiedad profesional, orgullo ofendido, comparaciones sin sentido. Gran parte de lo que hizo que la vida de Daniel fuera tan útil e inspiradora fue su humildad. Cuando dimensionamos correctamente nuestra visión de Dios y de nosotros mismos, la vida comienza a verse muy diferente.

CONCLUSIÓN CG #8: **Nos mantenemos firmes y tranquilos en una cultura caótica y descontrolada.**
Un sentido de estabilidad sensato con visión a largo plazo es una de las mayores bendiciones que puedes traer a tu familia, tu iglesia, tu ámbito de trabajo y cualquier otro lugar donde a veces pueden proliferar la hostilidad y el conflicto.

¿Por qué la gente pierde el control? ¿Por qué nosotros mismos a veces perdemos el control? Porque estamos pidiendo a gritos que alguien *tome* el control, ¡alguien que haga todo bien! Y, sin embargo, todas nuestras situaciones, incluso las más estresantes y sin solución, *ya* están bajo el control de Alguien.

La mayoría de las personas no se comportan acorde a este paradigma, de modo que discuten, se enfurecen, se desahogan con otros y desisten. Sin embargo, creer en el gobierno del cielo puede hacer que tu voz calmada sea la que más se haga oír.

CONCLUSIÓN CG #9: **Creemos que Dios puede cambiar el corazón del líder más orgulloso e impío.**

¿Recuerdas al rey Nabucodonosor que revocó su precipitado decreto? ¿Al rey Darío que cambió sus ideas religiosas? Y no te olvides del rey Ciro, el rey persa, que gobernó Babilonia cerca del final del tiempo de Daniel allí (Daniel 10:1), y que revirtió setenta años de política establecida en Babilonia al permitir que los exiliados de Judea regresaran a su tierra (2 Crónicas 36:22-23).

El corazón de los líderes puede cambiar. Dios puede transformarlos. Tal vez no lo haga de la manera que esperamos o en la línea de tiempo que esperábamos, pero como creyentes **CG**, oramos por eso. Y mientras tanto ejercemos paciencia. Elegimos el perdón. Damos ejemplo, como lo hizo Daniel, de cómo se vive la verdadera fe.

Ya sea que los líderes en cuestión estén en tu hogar, tu oficina, tu iglesia, la capital de tu nación o en cualquier nivel de influencia sobre ti, no te desesperes por la dureza de su corazón. Dios los tiene en sus manos.

CONCLUSIÓN CG #10: **Vemos cada crisis de nuestro mundo y nuestras vidas como una oportunidad para que se exponga la impotencia de los dioses falsos y para que se muestre la grandeza y el poder del Dios viviente.**

En otras palabras, la adversidad y la dificultad no son cosas que se deban evitar a toda costa. Además, vendrán por nosotros de todos modos. (Nuestro enemigo está buscando "actuar" contra nosotros, ¿lo recuerdas?) No podríamos evitar tales cosas, aunque lo intentáramos.

Ahora bien, no solo debemos esperar que lleguen las dificultades; sino que podemos sacarles el mayor provecho. Nuestro testimonio de Cristo se destaca más vívidamente en tiempos de crisis. Nuestra mayor influencia se siente en esos momentos cuando es más difícil creer que "el cielo gobierna" y, sin embargo, por fe mantenemos nuestros corazones y nuestras mentes firmemente anclados en

Cristo. Ahí es cuando nosotros, como un "pueblo que conoce a su Dios", actuará y mostrará el poder de Dios.

Todo es parte de nuestro plan de acción **CG**, que nos convierte de personas pesimistas en guerreros; de personas con historias de infortunio a sobrevivientes sufridos y victoriosos vencedores; de personas quejosas en ejemplos convincentes del poder predominante y la gloria de Dios. Nuestras vidas testifican a todos los que nos observan, que ellos también pueden tomar la verdad de Dios como un evangelio viviente.

CONOCIMIENTO E INFLUENCIA

Como vemos en Daniel, nuestro *conocimiento* (nuestro conocimiento **CG**, de que "el cielo gobierna") nos da *influencia*.

> El pueblo que conoce a su Dios se esforzará y actuará. Y los sabios del pueblo instruirán a muchos (Daniel 11:32-33).

La palabra traducida "sabios" en este pasaje viene del verbo hebreo *sakal*.[1] Esta importante palabra se usa nueve veces en el libro de Daniel.[2] Puede significar "ser sabio", "entender", "tener aptitud" o "tener conocimiento" y a veces se traduce como un adjetivo como "sabio" o un sustantivo como "entendimiento". Se refiere a la sabiduría, la aptitud y el entendimiento que todos quieren, pero que solo el pueblo de Dios puede tener.

Sakal nos hace diferentes. Hace que nuestra fe sea inconfundible. Y conforme a las palabras del ángel a Daniel . . .

> Los entendidos [*sakal*] resplandecerán como el resplandor del firmamento; y los que enseñan la justicia a la multitud, como las estrellas a perpetua eternidad (Daniel 12:3).

Más adelante, Pablo diría esencialmente lo mismo al describir cómo los "hijos de Dios", mientras vivimos nuestra fe "en medio de una generación maligna y perversa", podemos resplandecer "como luminares en el mundo; asidos de la palabra de vida" (Filipenses 2:15-16).

En Proverbios 19, leemos que "de Jehová [es] la mujer prudente [*sakal*]" (v. 14). Su sabiduría y prudencia la convierten en una bendición para su esposo y su familia. Resplandece como una luz sobre el fondo oscuro de su época.

Daniel era un hombre *sakal*. Tomado cautivo cuando era un joven adolescente a manos de una nación idólatra que odiaba a los judíos, vivió en un mundo pagano que amaba las tinieblas en lugar de la luz. Una vez en Babilonia, Dios lo colocó en posiciones estratégicas de influencia. Tuvo acceso a los líderes más poderosos del mundo y fue ascendido a puestos de alto rango. Sin embargo, nunca permitió que el éxito se le subiera a la cabeza. Nunca se dejó absorber por la cultura tóxica que lo rodeaba. No buscó la autopromoción ni hacerse un nombre. La sabiduría, la comprensión y la aptitud que Dios le dio, junto con su comportamiento humilde y piadoso, lo convirtieron en una luz brillante que se destacaba como lo hacen las estrellas en las noches más oscuras. Su vida se distinguió. Los hombres y mujeres *sakal* siempre se distinguen.

Hace algún tiempo, cuando empecé a prepararme para enseñar el libro de Daniel a través de la lente de "el cielo gobierna", me enteré de que el esposo de una amiga mía, un cristiano comprometido, había sido seleccionado para ser el presidente de una de las principales universidades de Estados Unidos; una escuela de la División 1 con decenas de miles de estudiantes. Era un gran honor para él, pero por los informes sobre su nombramiento, estaba claro que este hombre tendría mucho trabajo por delante. Se enfrentaría a una serie de problemas difíciles para los cuales necesitaría sabiduría, gracia y protección sobrenaturales.

Le envié un mensaje de texto a mi amiga, le expliqué lo que había estado estudiando y le dije que me parecía que su esposo era un Daniel moderno. Adjunté una foto de la famosa pintura de Briton

Rivière titulada *La respuesta de Daniel al rey*,[3] que muestra al anciano Daniel de pie, erguido y sereno en la habitación de piedra subterránea donde había pasado la noche. Media docena de leones caminan detrás de él, con la boca cerrada, por supuesto. Daniel mira hacia la ventana donde, se supone, Darío está parado tras haber pasado una mala noche (¡¿el rey?!). El aspecto más llamativo de la imagen es la luz dorada que entra por esa ventana y brilla sobre Daniel y lo rodea. El rostro del anciano casi parece brillar.

Le escribí a mi amiga:

> Estoy orando por ti y (tu esposo) mientras comienzo este nuevo capítulo. Estoy segura de que habrá momentos difíciles y complicados, pero el cielo y los ángeles están vigilantes y listos para intervenir a tu favor cada vez que Dios dé la palabra. [¡Había estado estudiando Daniel 12 esa semana y no me podía sacar los ángeles de la cabeza!].

Después de mencionarle el pasaje de Daniel 12:3 acerca de aquellos que tienen entendimiento (*sakal*) resplandecen como estrellas, concluí: "¡Qué bendición eres para tu esposo, para un momento como este! Y qué bendición será él para esta institución y para sus compañeros en el servicio". Las personas *sakal* no necesariamente tiene una vida fácil, pero traen luz y bendición a todos los que los rodean.

Así como Daniel sirvió a una sucesión de reyes en Babilonia, el rector de esta universidad está sirviendo a la junta y los líderes de una gran institución secular. Sin embargo, al igual que Daniel, sabe que, a fin de cuentas, está sirviendo al "Rey". Esta pareja *sakal* vive para la eternidad y para el reino de Dios que nunca tendrá fin. Como resultado, sus vidas brillan como luces resplandecientes y llevan a muchos a Cristo.

Aun con las fuerzas enemigas que actúan en contra de nosotros, aun con la constante lluvia de conflictos que caen sobre nuestras cabezas (el resultado de reinos espirituales en conflicto), no nos quedamos paralizados en el proceso. No estamos indefensos. En cambio, estamos capacitados para vivir la verdad de nuestras convicciones, el entendimiento que nuestro Dios nos ha dado. No solo nos cubre con su consuelo, no solo nos empodera con su valor; al iluminarnos con su sabiduría, nos convierte en reflectores de su luz en un mundo oscuro mientras "actuamos" cada día.

Nada feo, nada duro, nada insoportable. Solo una mentalidad y un estilo de vida **CG** centrados en un solo objetivo inspirados en *sakal*.

Y creo que hablo por ti y por mí cuando digo que quiero ser parte y actuar.

Quiero que mis palabras, mi ejemplo, mi respuesta a las dificultades y presiones (toda mi vida) declaren que Dios conoce por completo el futuro y que todo está bajo su control: mi futuro, tu futuro, el futuro de tu familia, el futuro de tu cónyuge y tus hijos. Nuestro mundo, nuestros días, nuestra salud, nuestros pasos.

Todo es de Él, y Él gobierna sobre todas las cosas:

- sobre todos los poderes, naciones, gobiernos y reyes
- sobre toda la historia: pasado, presente y futuro
- sobre dictadores, déspotas y dinastías
- sobre las elecciones nacionales y los partidos políticos
- sobre los mercados financieros y las economías mundiales
- sobre las esferas y los asuntos geopolíticos
- sobre el mundo de la ciencia y la naturaleza
- sobre los patrones climáticos y las tormentas
- sobre los cambios del clima
- sobre los planetas en órbita
- sobre las estaciones
- sobre el sol

Y así como nada escapa a su gobierno y atención en lo macro, gobierna con igual cuidado todo lo que nos toca en lo micro:

- sobre los dolores y las heridas que nadie más conoce
- sobre los anhelos insatisfechos de una pareja o un hijo
- sobre las dificultades financieras y los planes de jubilación
- sobre los problemas relacionales y los hijos pródigos
- sobre los cónyuges distraídos o incluso los infieles
- sobre los problemas de salud y las preocupaciones laborales

Esto es lo que Él ha dicho que está haciendo. Él tiene el control de todas estas cosas y más. Y entonces, esto es lo que pretendo hacer, y te invito a unirte a mí: vivir en una alineación tan activa bajo estas verdades de su Palabra, que Él pueda convertir nuestras vidas en estrellas que resplandezcan, ejemplos vivientes que proclamen: "El cielo gobierna". Para nosotros y para ellos. Para nuestro bien y para su gloria.

SIGUE TU CAMINO

¡Cómo me encantó conocer a Daniel a través de este estudio! Su corazón. Su fe. El valor y la serenidad detrás de sus principios. La vida que vivía tanto en público como en privado. Las cosas que Dios hizo a través de él. La forma en que Dios iluminó el mundo de Daniel, para que todos lo vieran, a través de su sencilla confianza y su arriesgada fidelidad.

Sin embargo, una de mis imágenes favoritas de él aparece en el capítulo final del libro de Daniel. Para entonces, Daniel había visto y escuchado la última de las profecías que registró para nosotros en las Escrituras. Había escuchado, había mirado, había observado. Había soportado las palpitaciones de ver bestias del tamaño de monstruos marinos e incluso contempló al Anciano de días, revestido de luz y fuego sobre su trono. Se había desvanecido y debilitado un par de veces durante sus visiones. Nosotros también nos hubiéramos desvanecido un par de veces.

¿No puedes escuchar el desconcierto en la voz de Daniel cuando, al final de todo, miró al cielo y dijo: "Y yo oí, mas no entendí" (Daniel 12:8)?

Daniel era brillante. Le encantaba aprender. Quería dar sentido a estas cosas difíciles que incluso un hombre sabio y entendido como él parecía no poder comprender. Lo había oído. Lo había visto. Solo que no sabía muy bien qué hacer con todo eso.

Dime que no conoces esa expresión de su rostro. Dime que no has sentido la misma sensación de desconcierto. *¿Qué está haciendo Dios? ¿Qué está diciendo? ¿Por qué está permitiendo esto? ¿Qué significa esto?*

Lo oímos, solo que no estamos seguros de entenderlo. Sabemos que el cielo gobierna. Lo creemos. La Palabra de Dios nos convence de eso. No nos retractamos de esa convicción. Se ha convertido en nuestra forma de pensar y vivir. Sin embargo, tiene lugar en circunstancias de nuestra vida que son muy difíciles de procesar y vivir. Entonces, algunas mañanas todavía nos cuesta entender cómo pueden coexistir el gobierno del cielo y tales circunstancias.

No obstante, me tranquiliza la respuesta del ángel a la petición de entendimiento de Daniel. Es una respuesta tan inesperada, que casi necesites sentarte un minuto antes que el desconcierto te inunde; pero cuando lo hace, te das cuenta de que es la respuesta perfecta:

Vete ya, Daniel (Daniel 12:9, NTV).

En cuanto a ti, sigue tu camino hasta el final (12:13, NTV).

Daniel ya era un anciano, pero debía seguir adelante, no conformarse con una vida de ocio, no adaptarse a la cultura impía que lo rodeaba; sino continuar viviendo como un siervo fiel del Señor en una tierra extranjera hasta "el fin" de su vida. Confiar en que Dios se estaba ocupando debidamente de todo lo que él no podía entender.

¿Qué pasaría al fin? Dios prometió a Daniel: "reposarás, y te levantarás para recibir tu heredad al fin de los días" (12:13).

Al fin de su vida terrenal, después de haber servido y trabajado fielmente, Daniel entraría en ese *reposo* por el cual había trabajado. Al fin de la era, se *levantaría* y resucitaría. Y entonces sería *recompensado*.

Reposo. Resurrección. Recompensa. Eso es lo que Daniel tenía que esperar. Y eso es lo que tú y yo tenemos que esperar también.

Esta es la palabra de Dios para todo su pueblo: "En cuanto a ti, sigue tu camino hasta el final". No te preocupes por lo que hacen los demás en estos tiempos de locos. Simplemente, sigue sirviendo, sé fiel y persevera todo el camino "hasta el final", y aférrate a la seguridad de que el cielo gobierna.

Y esta es la promesa de Dios: "Reposarás, y te levantarás para recibir tu heredad al fin de los días". Nuestra recompensa será entonces, no ahora.

Así que sigue adelante y deja que el cielo gobierne a tu alrededor y a través de ti. Uno de estos días, como con Daniel, Dios te llamará, entonces "reposarás, y te levantarás". Resucitado de este cuerpo corruptible, vivirás eternamente en su presencia bajo su gobierno magnífico y amoroso, sin nada que luche o interfiera con él nunca más.

- Tus presiones y tus problemas no tendrán la última palabra.
- Los que se burlan de Dios y rechazan su verdad no tendrán la última palabra.
- Los gobernantes malvados y los familiares crueles no tendrán la última palabra.
- Los que persiguen al pueblo de Dios no tendrán la última palabra.
- Los demonios inmundos del infierno no tendrán la última palabra.
- La enfermedad y el dolor no tendrán la última palabra.

- El pecado y sus efectos secundarios no tendrán la última palabra.
- Ni la misma muerte tendrá la última palabra.

"Sigue tu camino", Daniel.

El cielo gobierna.

El pueblo que conoce a su Dios

El pueblo que conoce a su Dios se esforzará y actuará.

—*Daniel 11:32*

HEMOS CONOCIDO unos cuantos personajes importantes en el libro de Daniel.

Varios de ellos eran "personalidades de influencia" en el escenario mundial: en particular, el rey Nabucodonosor de Babilonia y sus sucesores babilónicos y medos persas, cada uno rodeado por una constelación de nobles y consejeros. Según estimaciones terrenales, estos eran hombres poderosos, célebres y venerados como líderes, guerreros, monarcas e influyentes.

También nos presentaron a Daniel y otros tres cautivos hebreos. En contraste con los reyes a los que servían, eran "estrellas menores" en Babilonia, incluso menos luminosas en otras partes del mundo conocido. Desde la perspectiva de la tierra, su poder, influencia y control eran limitados: aumentaban o disminuían según los caprichos de sus superiores y pares. La mayor parte del tiempo se veían obligados a ir contra las corrientes culturales, políticas y religiosas de su época.

Hemos descubierto que detrás de estas figuras y sucesos históricos muy humanos, estaban trabajando fuerzas invisibles: los llamados dioses de Babilonia (que en realidad representan una actividad demoníaca)[1] y el Dios de Israel, el primero en competencia contra el segundo en una lucha cósmica por el control.

Desde el principio, por ejemplo, vimos "la casa de su dios [de Nabucodonosor]" en guerra contra "la casa del Dios [de Daniel]" (Daniel 1:2). Los antiguos creían que, si un rey conquistaba a los dioses de otra nación, demostraba que su dios era más poderoso. Nabucodonosor estaba diciendo, en efecto, "¡Mi dios es mejor que tu Dios!" como un reto al Dios de Israel a vindicarse y a hablar por sí mismo.

Comenzó la batalla.

Lo que se hizo evidente es que todos estos hombres, los impíos y los piadosos, eran actores de segunda en comparación con el Personaje principal de este drama; como lo son todos los humanos, sin importar lo que afirmen sus credenciales y currículums.

Los reyes, que gobernaron a lo largo de la vida de Daniel, se consideraban importantes, y les gustaba que fuera así. Les importaba ser conocidos.

Sin embargo, lo que le importaba a Daniel y sus amigos no era ser conocidos, sino conocer al único Dios vivo y verdadero. Y querían que todos los que estaban a su alrededor, bajo y sobre ellos, también conocieran a su Dios.

Al detenerme repetidas veces en el libro de Daniel durante los últimos años, una de las cosas que más me ha sorprendido fue ver la centralidad del Dios de Daniel en todo momento. Ahora, por supuesto, sabemos que Dios es central en toda la Biblia, de principio a fin, pero este libro (a diferencia, digamos, del cercano libro de Ester, que irónicamente no contiene referencias directas a Dios) contiene casi ochenta referencias a Dios en sus doce capítulos, ¡inclusive más de dos docenas de nombres, apelativos y descripciones diferentes para Dios!

Intenta leer el libro de Daniel y resalta cada referencia explícita a Dios. Haz una lista de lo que encuentres acerca de quién es Él y

qué hace. Descubrirás que este es un recordatorio muy alentador de que nuestro Dios es superior, más grande y más real que cualquier cosa que pueda estar presionando tu vida o nuestro mundo en este momento. En palabras del salmista: "En ti confiarán los que conocen tu nombre" (Salmos 9:10).

Esto es lo que quiero que veas: Daniel conocía a su Dios.

Eso es lo que lo hizo fuerte, capaz de resistir las poderosas fuerzas enemigas de Dios de su época. Eso es lo que le dio valor para "actuar" en el nombre de su Dios cuando reyes y legisladores actuaban *contra* su Dios. Eso fue lo que lo consoló ante los cambios no deseados y las pérdidas inesperadas. Y eso es lo que lo mantuvo en calma a pesar del torbellino de caos cultural y agitación que había a su alrededor.

Conocer a tu Dios hará lo mismo contigo.

Verás, así como el tema de toda la Biblia, en un sentido, es "el cielo gobierna", el propósito principal de nuestra vida, en otro sentido, es conocer al Dios del cielo, prestar atención a lo que Él nos ha dado a conocer acerca de sí mismo en la Creación, en su Palabra, y a través de su Hijo; experimentar su presencia en medio de los problemas y las presiones de cada día, y darlo a conocer a otros.

> El propósito principal de nuestra vida es conocer al Dios del cielo.

No es solo que el cielo gobierna, sino que el Dios que gobierna desde el cielo es real. Este Dios es poderoso. Es cercano. Es amable. Es alto y sublime, y no hay nada desconocido para Él. Sin embargo, nosotros lo conocemos, sí, *nosotros*, y está ansioso por relacionarse con nosotros a un nivel profundamente personal.

Y al estudiar la historia de Daniel, hemos visto que quién es Dios tiene que ver con nuestra historia como sus hijos: lo que comemos, cómo hacemos nuestro trabajo, cómo respondemos a las crisis inesperadas, cómo vivimos como hijos de Dios en un mundo enemigo de Él, cómo respondemos a administradores irracionales o impíos, y cómo respondemos a las leyes que nos obligan a infringir las convicciones bíblicas.

CONOCE A DIOS POR SU NOMBRE

No tengo que decirte que nuestro mundo se está desmoronando, o eso parece. La rivalidad, la ira y la violencia están en un punto álgido. Estamos lidiando con un rechazo abierto y directo a Dios y su Palabra, y el conflicto entre el bien y el mal se está volviendo más intenso en todos los frentes.

Por eso necesitamos conocer a nuestro Dios, ese Dios que gobierna y reina por siempre, sobre todo rey y reino, sobre toda circunstancia confusa, toda prueba dolorosa, toda falsa ideología y todo cínico adversario.

Y por eso parece apropiado destacar varios de los nombres y descripciones de nuestro Dios, que se encuentran en el libro de Daniel, para terminar este libro (He incluido una lista completa en el apéndice). Descubrirás manantiales frescos de gracia y paz mientras reflexionas sobre lo que estos nombres revelan sobre su carácter y sus caminos.

Dios

Según mi cuenta, este nombre (o sus variaciones) aparecen más de cincuenta veces en el libro de Daniel. Es el primer nombre de Dios que encontramos en las Escrituras: "En el principio creó Dios los cielos y la tierra" (Génesis 1:1). El hebreo *Elohim* o su forma abreviada, *El*, se refieren a "el Dios supremo, el Dios poderoso". Este es el Dios que puso a Daniel en gracia con sus captores paganos (Daniel 1:9) y le dio entendimiento de los tiempos (1:17). Es el nombre que usó Daniel cuando daba gracias en oración (6:10), el "Dios grande, digno de ser temido" que cautivó la adoración de

Daniel (9:4), el Dios para quien Daniel era "muy amado" (10:19), así como lo somos nosotros para Él.

Jehová

En algunas traducciones castellanas de la Biblia este nombre aparece como "el Señor". La transcripción al español de las consonantes hebreas para este nombre sería *YHWH* (a menudo escrito como *Yahweh*).

Este es el nombre personal de Dios, el que reveló a Moisés en la zarza ardiente: "Jehová, el Dios de vuestros padres, el Dios de Abraham, de Isaac y de Jacob" (Éxodo 3:16). Este nombre habla de su existencia propia y su eternidad inmutable. Daniel se dirigió a Él en oración como "Jehová mi Dios" (Daniel 9:4), "Jehová nuestro Dios" que guarda el pacto y "justo es . . . en todas sus obras que ha hecho" (9:14).

El Señor

El nombre hebreo *Adonai* también se traduce como "Señor", pero sin todas las letras mayúsculas; no como una forma de rebajarlo, sino simplemente como una forma de identificarlo. Este nombre de Dios es más parecido a cómo entendemos *señor* en el uso común, como dueño o propietario. Somos sus siervos, y Él está sobre nosotros, es soberano sobre nosotros.

En otras palabras: "Él tiene el mundo entero en sus manos".

Este es el "Señor" que "entregó en sus manos [Nabucodonosor] a Joacim rey de Judá" (Daniel 1:2), y el "Señor" a quien Daniel pidió que apartara su ira "sobre [su] ciudad Jerusalén, [su] santo monte" (9:16).

El Altísimo

Este nombre, que aparece con frecuencia en el libro de Daniel, nos muestra que no hay nadie superior, no hay igual, no hay nadie que pueda compararse con este Dios. Es el más grande. Es superior. Es más poderoso que cualquier otro dios.

En ese pasaje, donde Daniel interpreta el sueño de Nabucodonosor sobre el enorme árbol, el que había sido cortado hasta que quedó solo el tronco, se refiere a Él como el "Altísimo" al declarar la sentencia (Daniel 4:24). La locura del rey, que sucedió a continuación, duraría hasta que reconociera "que el Altísimo tiene dominio en el reino de los hombres, y que lo da a quien él quiere" (4:25). "El cielo gobierna", por supuesto (4:26), es otra forma, entre muchas formas, de decirlo.

Dios de mis padres

Daniel reconocía que él era parte de un extenso linaje y legado de fe. Al mirar hacia atrás, repasó cómo Dios había sido fiel con los que vinieron antes que él, y sabía que el mismo Dios sería fiel con él:

> A ti, oh Dios de mis padres, te doy gracias y te alabo, porque me has dado sabiduría y fuerza (Daniel 2:23).

Cuando miramos hacia atrás y vemos cómo Dios fue fiel con Daniel y los otros tres jóvenes hebreos, recordamos que Dios también será fiel con nosotros, porque Él también es el Dios de nuestros antepasados, tal vez no de nuestros antepasados físicos; pero, seguro, de nuestros antepasados espirituales. El Dios que era el Dios de Daniel, el Dios de Abraham (y Sara), Isaac (y Rebeca), Jacob (y Raquel y Lea), José (y sus hermanos), ese mismo Dios es nuestro Dios.

El Dios que tiene tu vida en sus manos y controla todos tus caminos

Es un "apelativo" largo para Dios, pero es magnífico. Job declara:

> En su mano está el alma de todo viviente,
> Y el hálito de todo el género humano (Job 12:10).

Hálito: la necesidad humana más esencial. No puedes vivir sin respirar, y no puedes respirar sin Dios. Dependemos completamente de Él para todo lo relacionado con nuestras vidas. Y esto es cierto para todas las personas del planeta, sin importar cuán poderosas o invencibles puedan pensar que son.

Así es como Daniel describió a Dios a Belsasar la misma noche en que el rey de Babilonia fue asesinado y su reino fue entregado a Darío el medo (Daniel 5:23). Todo porque el rey se negó a glorificar a este Dios.

El que vive por los siglos

Este nombre es de la visión registrada en Daniel 12:7. Da fe de la realidad de que nunca, jamás habrá un momento, en esta era o en la eternidad, en que Dios no sea Dios, en que no esté presente, en que no tenga el control, en que no sea soberano sobre cada detalle de nuestras vidas.

Si quieres que tu mentalidad sea "el cielo gobierna", dedícate a la tarea y al gozo de conocer a Dios. Al meditar en los nombres y apelativos divinos, que se encuentran en el libro de Daniel y en otras partes de las Escrituras, en lo que revelan acerca de quién es Él y qué hace, "te esforzarás" y sabrás cómo "actuar". Tendrás valor y consuelo a medida que conozcas a este Dios que tiene el control. Que Dios sea alabado por siempre.

Nombres, apelativos y descripciones de Dios en el libro de Daniel

LOS NOMBRES A CONTINUACIÓN están enumerados por orden de aparición en el libro de Daniel. Diferentes versiones de la Biblia traducen algunos de estos de manera ligeramente distinta, pero la esencia es la misma. En los casos de los nombres que tienen varias referencias, he enumerado versículos representativos.

Espero que no solo eches un vistazo a esta lista, sino que profundices en estos nombres, uno a la vez, en el transcurso de los próximos días, semanas o incluso meses. Lee los versículos donde aparece cada uno. Búscalo en un diccionario o comentario bíblico o en un sitio como BlueLetterBible.org. Anota lo que aprendas sobre el significado y la importancia de cada nombre o descripción, junto con cualquier reflexión personal sobre lo que significa para los creyentes fieles que viven en un mundo sin fe.

1. **Dios** (1:2, 9, 17; 2:20; 5:23, 26; 9:11, 18, 23; 10:19)

2. **El Señor** (1:2; 9:7, 16, 17, 19)

3. **El Dios del cielo/Dios en los cielos** (2:18, 19, 28)

4. Dios de mis padres (2:23)

5. Dios en los cielos (2:28)

6. El Dios vuestro (2:47)

7. Dios de dioses (2:47)

8. Señor de los reyes (2:47)

9. El que revela los misterios (2:47)

10. Dios a quien servimos (3:17)

11. Dios Altísimo (3:26; 4:2; 5:18, 21)

12. El Altísimo (4:17, 24, 25, 32, 34; 7:18, 22, 25, 27)

13. El Dios de Sadrac, Mesac y Abed-nego (3:28)

14. Señor del reino de los hombres (4:17, RVA2015)

15. Rey del cielo (4:37)

16. El Dios en cuya mano está tu vida, y cuyos son todos tus caminos (5:23)

17. Su Dios (6:5, 10)

18. El Dios tuyo, a quien tú continuamente sirves (6:16)

19. El Dios viviente (6:20, 26)

20. Mi Dios (6:22)

21. El Dios de Daniel (6:26)

22. Anciano de días (7:9, 13, 22)

23. Jehová (9:2, 8, 14)

24. Dios el Señor (9:3)

25. Jehová mi Dios (9:4, 20)

26. Jehová nuestro Dios (9:9, 10, 13)

27. Dios nuestro (9:17)

28. El que vive por los siglos (12:7)

Agradecimientos

ESTOY MUY AGRADECIDA a "mis colaboradores en Cristo Jesús" (Romanos 16:3), cuya ayuda en este libro ha sido indispensable y profundamente alentadora.

Para empezar, agradezco inmensamente a dos amigos cuya colaboración en numerosos libros a lo largo de los años significa más de lo que puedo expresar:

- *Lawrence Kimbrough* organiza las transcripciones de mis enseñanzas y las compagina magistralmente en un manuscrito inicial, que en este caso resultó ser más difícil de lo que cualquiera de nosotros imaginó. Es un verdadero artista y un comunicador dotado.
- *Anne Christian Buchanan* es una editora consumada con buen ojo y atención a los detalles. Ha trabajado conmigo con paciencia y esmero en varias rondas de ediciones para aclarar y perfeccionar este mensaje.

Además, estoy en deuda con:

- El equipo de Moody Publishers (especialmente *Judy Dunagan, Ashley Torres, Erik Peterson y Connor Sterchi*) por su pasión por este proyecto desde el principio y por ser verdaderos socios en el ministerio.
- Al *Dr. Chris Cowan* por hacer una revisión bíblica y teológica y una contribución útil en partes del manuscrito donde tenía preguntas o quería verificar dos veces los problemas de interpretación. Tener esta ayuda importante y confiable ha sido un gran regalo.

- El equipo de Revive Our Hearts, que me sirve y me apoya todos los días de innumerables maneras. *Janine Nelson*, nuestra directora ejecutiva de desarrollo, es una querida consierva que se preocupa mucho por este mensaje y por cómo multiplicar su alcance e influencia.
- *Erik Wolgemuth*, mi agente amable y capaz, que de alguna manera se las arregla para hacer un seguimiento de los detalles de cada proyecto del libro que tengo en trámite (incluido, entre otros: "¿Puedes recordarme cuántas palabras requiere este contrato?" . . . "¿Cuándo hay que entregar ese manuscrito?") y que encuentra gozo en ayudar a sus clientes a publicar contenido que exalte a Cristo.
- *Robert Wolgemuth*, también conocido como mi QE (mi querido esposo, quien, por cierto, me presentó a Lawrence Kimbrough y Anne Buchanan hace años), por su amor incansable, su corazón de pastor y sus sabios consejos, y por estar siempre dispuesto a participar cuando digo por enésima vez: "¿Qué frase crees que suena mejor?" o "¿Puedes ayudarme a pensar en un verbo que signifique . . . ?" Ambos hemos escrito un nuevo libro este año. Qué dulce temporada ha sido mientras trabajábamos codo con codo, para ensamblar palabras que, oramos, ministren gracia a tu vida, lector.

Recursos recomendados

Numerosos recursos han sido valiosos para mí en la clasificación de los detalles históricos (quién vivió y gobernó cuándo y dónde), así como varios asuntos interpretativos (principalmente, relacionados con las visiones y profecías) en el libro de Daniel. No he incluido las fuentes para los hechos que son ampliamente conocidos y acordados, o de interpretaciones extraídas de múltiples comentarios donde existe un consenso general entre los intérpretes conservadores.

Los siguientes sitios web ofrecen varias herramientas en griego y hebreo, así como Biblias de estudio, concordancias, diccionarios y comentarios a los que suelo referirme para ayudarme a comprender pasajes particulares:

- BibleGateway.com
- BibleHub.com
- BibleStudyTools.com
- BlueLetterBible.org
- EnduringWord.com
- PreceptAustin.org

Por muy útiles que puedan ser estas herramientas, por supuesto, no hay sustituto para la lectura y meditación atenta, habitual y en oración de las Escrituras mismas.

Notas

Prefacio: La historia de Samuel

1. Nancy DeMoss Wolgemuth, "When You Need Courage (Daniel 1)", *Heaven Rules: Seeing God's Sovereignty in the Book of Daniel*, serie de pódcasts, Revive Our Hearts, 29 de septiembre de 2021, www.reviveourhearts.com/podcast/revive-our-hearts/when-you-need-courage-daniel-1. Esta transcripción del episodio del pódcast se ha editado ligeramente a los efectos de que fluya la lectura.

Capítulo uno: Una sola lente

Epígrafe: Margaret Clarkson, *Grace Grows Best in Winter* (Grand Rapids: Eerdmans, 1984), 40–41, consultado el 27 de enero de 2022, https://gracequotes.org/topic/god-sovereignty.

1. Nancy DeMoss Wolgemuth y Robert Wolgemuth, *Confía en Dios para escribir tu historia* (Grand Rapids, MI: Editorial Portavoz, 2019), 61.
2. Ibíd., 60.

Capítulo dos: La historia detrás de la historia

Epígrafe: John Piper, "God Is Always Doing 10,000 Things in Your Life", *Desiring God*, 1 de enero de 2013, www.desiringgod.org/articles/god-is-always-doing-10000-things-in-your-life.

1. Mi narración de esta historia se basa en información de las siguientes tres fuentes: John McNeill, "Lessons from Korean Mission in the Former Soviet Region", *International Bulletin of Mission Research* 36, n.º 2 (abril, 2012), 78–82, www.internationalbulletin.org/issues/2012-02/2012-02-078-mcneill.html; James Won, "How Stalin's Paranoia Led to a Whole Ethnic Group Being Forcibly Relocated to a Foreign Land", https://historyofyesterday.com/how-stalins-paranoia-led-to-a-whole-ethnic-groupbeing-forcibly-relocated-to-a-foreign-land-2ab31fb4f7a8; Jae Kyeong Lee, "South Korea's Great Missionary Movement—God's Sovereignty, Our Obedience", IMB, 9 de febrero de 2018, www.imb.org/2018/02/09/south-korea-mission-movement.
2. History.com editores, "Perestroika," History.com, actualizado el 14 de noviembre de 2019, www.history.com/topics/cold-war/perestroika-and-glasnost.
3. El rey Joacim fue capturado en ese momento y llevado como prisionero a Babilonia junto con varios de sus súbditos, incluidos Daniel y sus tres amigos. Más tarde, Nabucodonosor reinstaló a Joacim en su trono como rey vasallo. Consultar "Daniel 1 Commentary", Precept Austin, bajo el título "Three Invasions of Judah by Babylon", actualizado el 19 de mayo de 2020, www.preceptaustin.org/daniel_1_commentary.
4. Los intérpretes debaten exactamente cómo la comida y el vino contaminarían a Daniel. Aunque muchos han asumido que la comida no era *kosher* (es decir, de acuerdo con la ley de Moisés), no había restricciones de Moisés para beber vino. Según Daniel 10:3, solo rechazó la comida real temporalmente, por lo que

no parece ser un problema *kosher*. Algunos comentaristas sugieren que Daniel y sus amigos buscaban no depender del rey. Al no comer "la comida del rey" (1:8, 13, 15), estaban expresando dependencia y devoción al Señor para su sustento y éxito.

5. Para más información sobre los nombres de Dios en Daniel, ver el epílogo y el apéndice de este libro.

Capítulo tres: No hay necesidad de entrar en pánico

Epígrafe: *Free Grace and Dying Love: Morning Devotions* de Susannah Spurgeon, publicado previamente como *A Carillon of Bells* (Edinburgh, Scotland, UK: Banner of Truth, 2006), 31.

1. La información sobre Luis XIV en este y los dos párrafos siguientes se obtuvo de Will Durant y Ariel Durant, *The Age of Louis XIV*, The Story of Civilization, vol. 8 (Nueva York: Simon and Schuster, 1963), 3–18.

2. Durant y Durant, *Age of Louis XIV*, 3, 685.

3. Matthew Henry, *Matthew Henry's Commentary on the Whole Bible*, vol. 4 (Isaiah to Malachi) (1896; reimpr., Old Tappan, NJ: Revell, 1985), 1187.

4. Nancy DeMoss Wolgemuth, "He Cares", *Coronavirus, Cancer, and Christ*, serie de podcast, Revive Our Hearts, 29 de diciembre de 2020, www.reviveourhearts.com/podcast/revive-our-hearts/he-cares.

5. Misericordiosamente, el Señor perdonó la vida de mi madre y finalmente la sanó.

Capítulo cuatro: ¿Hay algún testigo?

Epígrafe: Joni Eareckson Tada, "Paralysis Was His Good Plan: How Predestination Changed My Suffering", Desiring God, 12 de octubre de 2020, www.desiringgod.org/articles/paralysis-was-his-good-plan.

1. Esta explicación está debidamente verificada en los comentarios. Ver, por ejemplo, David Guzik, "Daniel 3—Saved in the Fiery Furnace", Enduring Word, consultado el 10 de febrero de 2022, https://enduringword.com/bible-commentary/daniel-3.

2. Según Open Doors, una organización que publica la Lista Mundial de Vigilancia, una clasificación anual de los cincuenta países más peligrosos para los cristianos, "Solo en el último año [2021], ha habido . . . más de 340 millones de cristianos, que viven en lugares donde experimentan altos niveles de persecución y discriminación". Consultar "Christian Persecution", Open Doors (sitio web), consultado el 27 de enero de 2022, www.opendoorsusa.org/christian-persecution.

3. "Jason Crabb—'There's Something about That Name'", Grand Old Opry, actuación grabada en vivo el 18 de diciembre de 2021, video de YouTube, 5:29, accedido el 10 de febrero de 2022, www.youtube.com/watch?v=TQTXGiS5yno.

4. Jill Lyman, "Bremen Man Loses Home to Tornado, Stops to Play Piano in Praise", 14 News, 13 de diciembre de 2021, https://www.14news.com/2021/12/13/bremen-man-loses-home-tornado-stops-play-piano-praise/.

5. Jill Lyman, "From Destroyed Home to Grand Ole Opry Stage, Bremen Man
   Continues Song of Praise", 14 News, 18 de enero de 2021, https://www.14news
   .com/2021/12/18/destroyed-home-grand-ole-opry-stage-bremen-man-continues
   -song-praise/.

Capítulo cinco: Con humildad
Epígrafe: C. S. Lewis, *Mere Christianity*, edición revisada y ampliada. (Nueva
York: HarperOne, 2015), 227. Publicado en español con el título *Mero
Cristianismo* por HarperCollins, 2014.

Capítulo seis: ¡Levanta tu mirada!
Epígrafe: David Jeremiah con C. C. Carlson, *The Handwriting on the Wall: Secrets
   from the Prophecies of Daniel* (Nashville: W Publishing, 2019), 174. Publicado
   en español con el título *La escritura en la pared: Secretos de las profecías de
   Daniel*, por Editorial Vida, noviembre, 2020.
1. El evangelista británico Charles Inglis (1848–1936) contó esta historia por
   primera vez, tras haberla escuchado directamente del capitán del barco. Ver
   Charles Inglis, "Mr Müller and the Fog", Müllers.org, consultado el 10 de
   febrero de 2022, www.mullers.org/find-out-more-1875.

Capítulo siete: El grito de batalla
Epígrafe: Bobby Scott, "Suffering Taught Me the Sovereignty of God", Desiring
   God, 22 de noviembre de 2021, www.desiringgod.org/articles/suffering
   -taught-me-the-sovereignty-of-god.
1. Revive Our Hearts ha producido un conmovedor video de la historia de
   Colleen: Revive Our Hearts, "She Laughs at the Time to Come | Colleen's
   Story", video, Revive Our Hearts (sitio web), consultado el 10 de febrero de
   2022, www.reviveourhearts.com/videos/she-laughs-at-the-time-to-come
   -colleens-story.
2. La palabra anticristo (del griego *antichristos*) aparece en la Biblia en las epístolas
   de 1 y 2 Juan, que hablan tanto de este último "anticristo", como de "muchos
   anticristos" que, a lo largo de la historia, se oponen a Cristo a través de falsas
   enseñanzas y persecución de los santos. A veces, el término también se usa para
   referirse a los falsos mesías y gobernantes depravados que se describen en las
   profecías bíblicas.
3. Las citas de Mark y Michelle en esta sección se basan en las novedades que le
   dieron a la familia de su iglesia local. Se puede ver su testimonio en Brandywine
   Grace Church Media, "Testimony on Self-Reliance from Mark and Michelle
   Leach", del servicio del 2 de mayo de 2021 en Brandywine Grace Church,
   Downingtown, PA, video de YouTube, 14:45, consultado en febrero 10 de
   octubre de 2022, www.youtube.com/watch?v=Rf-vTj64VkM.
4. Este pasaje es un recordatorio de que debemos orar, como señala Pablo, "en
   todo tiempo con toda oración y súplica en el Espíritu" (Efesios 6:18), como un
   aspecto clave de la guerra espiritual.

Capítulo ocho: La perspectiva a largo plazo

Epígrafe: Randy Alcorn, *Money, Possessions, and Eternity,* rev. ed. (Carol Stream, IL: Tyndale House, 2021), 38.

1. On Demand Entertainment, "Gal Gadot Leads a Star-Studded Cover of John Lennon's 'Imagine'", video de YouTube, 3:09, consultado el 10 de febrero de 2022, www.youtube.com/watch?v=0fDIZj9BX9U.

2. "Catecismo de Heidelberg", traducción aprobada por el Sínodo de 1975 de la Iglesia Cristiana Reformada, Iglesia Cristiana Reformada (sitio web), accedido el 10 de febrero de 2022, www.crcna.org/welcome/beliefs/confessions/heidelberg-catechism.

3. Si crees haber leído esta frase antes, es porque la has leído, solo unas páginas atrás. Se repite textualmente tanto en Daniel 11:35 como en Daniel 12:10. Cuán bondadoso es Dios al recordar a Daniel, y a nosotros, no una, sino dos veces, que nuestras tribulaciones tienen un propósito y que resultarán en nuestra mayor santificación.

4. Este maravilloso himno parece haber sido recopilado por John Wesley Work II, conocido como el primer compilador afroamericano de cánticos espirituales. La primera publicación conocida fue *Folk Songs of the American Negro,* publicada en 1907 bajo el nombre del hermano de Work, Frederick Jerome Work. Fue popularizada en un arreglo de William L. Dawson en la década de 1930 y ha sido cantado por muchos artistas conocidos, incluida Mahalia Jackson. Consultar Azizi Powell, "Early Published Versions of the African American Spiritual 'Soon I Will Be Done (with the Trouble of the World)'", publicación de blog, pancocojams, 29 de septiembre de 2019, https://pancocojams.blogspot.com/2019/09/early-published-versions-of-african.html.

Capítulo nueve: Estrellas que resplandecen intensamente

Epígrafe: Mi querida amiga Dawn Wilson se ha desempeñado como investigadora en Revive Our Hearts durante muchos años. Mientras escribo este libro, está haciendo un tratamiento de quimioterapia por una recurrencia de mieloma múltiple. Así es como firmó un correo electrónico recientemente.

1. "Lexicon: Strong's H7919 *śākal*," Blue Letter Bible, consultado el 15 de febrero de 2022, www.blueletterbible.org/lexicon/h7919/kjv/wlc/0-1.

2. Daniel 1:4, 17; 9:13, 22, 25; 11:33, 35; 12:3, 10.

3. Briton Rivière fue un artista británico con raíces hugonotes, que vivió entre 1840 y 1920. *Daniel's Answer to the King* se pintó en 1890. Se puede ver una imagen en https://en.wikipedia.org/wiki/Briton_Rivi%C3%A8re#/media/File:Briton_Riviere_-_Daniel's_Answer_to_the_King_(Manchester_Art_Gallery).jpg.

Epílogo: El pueblo que conoce a su Dios

1. Ver Deuteronomio 32:17, Salmos 106:37 y 1 Corintios 10:20.